U0672788

浙江省普通本科高校新兴特色专业（法学）建设项目专项资金资助

浙江理工大学教材建设项目资助

XINBIAN FALü WENSHU XIEZUO JIAOCHENG

新编法律文书
写作教程

李　莉◎编著

ZHEJIANG UNIVERSITY PRESS

浙江大学出版社

图书在版编目（CIP）数据

新编法律文书写作教程 / 李莉编著. —杭州：浙
江大学出版社，2018.1（2023.7 重印）
ISBN 978-7-308-17886-0

Ⅰ.①新… Ⅱ.①李… Ⅲ.①法律文书－写作－中国
－教材 Ⅳ.①D926.13

中国版本图书馆 CIP 数据核字（2018）第 012559 号

新编法律文书写作教程

李　莉　编著

责任编辑	葛　娟
责任校对	李　晨
封面设计	项梦怡
出版发行	浙江大学出版社
	（杭州市天目山路 148 号　邮政编码 310007）
	（网址：http://www.zjupress.com）
排　　版	杭州青翊图文设计有限公司
印　　刷	广东虎彩云印刷有限公司绍兴分公司
开　　本	710mm×1000mm　1/16
印　　张	10.25
字　　数	190 千
版 印 次	2018 年 1 月第 1 版　2023 年 7 月第 4 次印刷
书　　号	ISBN 978-7-308-17886-0
定　　价	28.00 元

前　言

　　法律文书是国家机关实施法律、执行法律的重要工具，也是法律工作者、法律研究者工作中使用、研究的重要工具和对象，更是普通公民、法人和其他组织在从事民事、行政、经济等活动时不可或缺的权利保障工具。因此，在我国高等院校的法学教育中，法律文书写作是一门重要的核心课程。

　　本教材从实务出发，根据我国 2012 年修订后的《中华人民共和国刑事诉讼法》和 2013 年修订的《中华人民共和国民事诉讼法》，在内容和结构上进行了新的尝试。与以往教材不同的是，本教材在结构上分为上、中、下三编。上编为总论，主要内容是法律文书学的基本理论、写作技巧知识；中编为国家司法机关的法律文书，主要内容是公、检、法的法律文书制作，包括制作方法、程序和格式规范等；下编为律师实务法律文书，主要内容分为律师诉讼类文书制作和非诉讼类文书制作两部分，包括常用法律实务涉及的民事起诉状、答辩状、合同制作、律师函、调查报告、公司章程等的制作方法、技巧和法律问题。本教材在大量章节中就法律文书制作涉及的相关法律法规或相应法律知识进行了引入，设计了相关法律联结或法律知识部分，这将大大有利于学生不仅能就法律文书格式和规范进行写作技巧学习，而且能更进一步将各部门法学中所学的法律知识进行综合思考并运用，弥补法律文书制作中法律思维训练的缺失。

　　本教材务实、简洁，除了适用于法学本科学生外，亦适用于法律硕士或其他法律实务培训课程的教学。

李　莉

2017 年 12 月

目　　录

上　编　法律文书的基本理论知识

第一章　绪　论 ···································· 3

　　第一节　法律文书概述 ···························· 3

　　第二节　法律文书的历史流变 ···················· 5

　　第三节　法律文书的作用 ························· 11

第二章　法律文书的制作技巧 ···················· 12

　　第一节　立　意 ································· 12

　　第二节　选　材 ································· 13

　　第三节　结　构 ································· 14

　　第四节　表达方式 ······························ 16

第三章　法律文书的言语交际规范 ················ 22

　　第一节　语汇的专业化 ·························· 22

　　第二节　语言的理性化 ·························· 23

　　第三节　语言的书面化 ·························· 24

中　编　司法机关的法律文书制作

第四章　公安法律文书 ·························· 29

　　第一节　概　述 ································· 29

　　第二节　刑事案件立案报告书 ···················· 30

　　第三节　其他主要公安法律文书 ·················· 35

　　第四节　起诉意见书 ···························· 39

第五章　检察法律文书 ·· 45

第一节　概　述 ··· 45

第二节　主要检察法律文书 ································· 46

第三节　起诉书 ··· 50

第四节　抗诉书 ··· 61

第六章　人民法院法律文书 ·································· 68

第一节　概　述 ··· 68

第二节　第一审刑事判决书 ································· 70

第三节　第二审刑事判决书 ································· 91

第四节　民事判决书 ··· 100

下编　律师实务法律文书

第七章　律师实务文书概述 ································· 113

第一节　概　述 ··· 113

第二节　律师实务文书的分类 ···························· 113

第八章　律师诉讼类文书 ···································· 115

第一节　民事起诉状 ··· 115

第二节　答辩状 ··· 118

第三节　调查笔录 ·· 122

第四节　代理词 ··· 125

第九章　律师非诉讼类文书 ································· 135

第一节　合　同 ··· 135

第二节　合同范本 ·· 136

第三节　法律意见书 ··· 140

第四节　公司章程起草 ······································· 148

‖上篇‖

法律文书的基本理论知识

第一章　绪　论

本章要点:法律文书的概念、性质和特点,法律文书的历史流变和分类。

第一节　法律文书概述

一、法律文书的概念

法律文书,指一切具有法律效力的或法律意义的文件、公文的总称。其制作主体相当广泛,可以是国家机关(包括非司法部门)、企事业单位、社会团体,也可以是个人。

所谓"具有法律效力"的文书,是指那种具有强制执行作用的规范性文书,这些文书一经生效就要凭借国家的强大力量强制执行,如检察机关的起诉书,生效之后就要依法将被告人交付法院审判。制作起诉书,向法院提起公诉,是刑事诉讼中必不可少的环节,非经检察院提起公诉,法院便不能对公诉案件进行审判,从这个意义上看,起诉书具有明显的法律效力。"具有法律意义"的文书,则是指那种只有某方面的法律意义,而不直接发生法律效力的规范性文书,它是人们日常生活中适用法律或监督法律实施,不可缺少而又并非据以强制执行的文书。

将法律文书、诉讼文书与司法文书三个概念加以分析、比较,我们发现它们每一个概念的内涵和外延都是不同的。其中法律文书的外延最大,诉讼文书次之,司法文书最小。法律文书是属概念,诉讼文书和司法文书为种概念。

从法律文书的概念中可以看出,法律文书学作为一门学科,从学科性质上来讲包含了下列三个方面的特性:

第一,文体学性质。法律文书专门运用于法律领域,根据其独特的交际对象和交际职能,以及特殊的制作主体、内容和形式,从文体学上看它是一种实用性很强的专用文书,而非通用文书,是国家公文中的一种。

第二,学科性质。由于法律文书是用以实施法律、处理各类诉讼与非诉讼事务的工具和凭证,因此法律文书学属于法学范畴。法律文书学以法律公文为研究客体,它是一门法学分支学科。同时,法律文书需要对有关案件的事实、理由等众多内容加以叙述、论证,使之在结构布局、语言运用、表达方式上吸取了写作学、语言学等学科的内容,可见法律文书学既非文学写作课,亦非纯粹法学理论课,它是将程序法、实体法与文章写作学、语法修辞和语体学综合运用的交叉学科。

第三,课程性质。法律文书学是专用于法律应用领域的实务课程,是为法律工作服务的,具有强烈的法律专业特点;司法部颁发的有关文件明确规定,法律文书学是法律专业课。因此,理应将法律文书学归入法律专业课程。

二、法律文书的特点

法律文书的主要特点体现在下列五个方面。

(一)内容的法定性

内容法定性主要体现在法律文书在内容上具有合法性和规范性两方面。

1. 所谓合法性,就是要依法制作,准确适用法律。这里的法律包括实体法和程序法两个方面。

(1)如刑事案件的判决书要体现刑法"罪罚相当"原则,绝不可出现畸轻畸重等量刑失误。

(2)制作法律文书都有一定的法律根据,诉讼法律文书就是主要依诉讼法而制定的。

(3)法律文书的制作过程需要合法。如诉讼文书既要反映诉讼活动的程序,又是进行各项诉讼活动的文字凭证,所以在每个重要的诉讼环节应制作什么样的检察、公安文书都有相应的规定。

2. 所谓规范性,指法律文书的写作内容每部分都有明确的规范要求,需要在制作过程中准确、完整地写清各项基本要素。

各类法律文书因文种的不同,内容事项有着不同的规定和要求,并且不能任意增减或颠倒顺序。比如审判文书中公诉案件的一审刑事判决书,其事实部分,首先应概述控辩双方的意见,然后详写法院审查认定的事实、情节和证据。这就构成了该文书的基本内容要素,而这只是大的构成要素,在制作时还有更具体的要素组成这两部分内容。这些要素都不是随意组合的,都必须依序严格排列,只有写明这些要素,才能判明被告人的犯罪性质、罪名及其犯罪情节的严重程序,为法院依法定罪量刑提供事实依据。

(二)主旨的鲜明性

法律文书的主旨是指制作法律文书的目的和文书的中心意思。法律文书为了解决一定的法律实际问题而制作,自然必须具备明确的目的,所以在法律文书必须明确体现为了达到这种目的的中心意思,形成鲜明的文书主旨。

(三)材料的客观性

法律文书制作必须用绝对客观真实的材料,制作相应的法律文书。法律文书具有法律效力或法律意义,在法律程序中是一种证据或者是必须遵守或执行的法定依据,因此客观上要求制作时必须使用真实材料,否则有可能触犯法律,受到相应惩罚。

(四)形式的程式化

自 1979 年开始,公安部、最高人民检察院、最高人民法院都陆续拟定了本部门的文书格式。比如检察文书中的起诉书中有一段文字:"本案由××××(侦查机关)侦查终结,以被告人×××(姓名)涉嫌×××罪,于××××年××月××日向本院移送审查起诉。"比较准确、简练地概括出公安机关对犯罪嫌疑人涉嫌的罪名以及移送审查起诉的日期。这类语言已经过实践的反复检验,成为不可移易的程式化表述文字。

(五)效力的稳定性

法律文书具有很强的实效性,特别是由国家法定机关制作的相应法律文书,一经宣布,非经法定程序是不能变更或撤销的。一旦生效,便有国家的强制力保证执行,任何机关、单位和个人都必须执行或认可,否则将承担法律后果。

第二节　法律文书的历史流变

法律文书作为应用文书的一个分类,随着国家的产生而产生,同样有着历史沿革流变的发展过程,但是有关于此的研究尚未形成科学的系统。人们只能借助于地下发掘的古代文物和历史典籍去考证推测。由于年代久远,各朝各代的法律典籍流传下来的并不多,而目前考古发掘的文物中关于法律制度和文书的资料也十分有限,所以仅能从现有的法律典籍和文物中竭力展现我国法律文书的历史流变,介绍具有代表性的几个相应历史发展阶段。

一、西周时期

西周时期,诉讼制度已经很完备,有刑事诉讼和民事诉讼之分。制定于西周穆王时期的《尚书·吕刑》,距今已有两千多年的历史,是我国最早的成文刑书,其流传下来的刑法思想至今影响深远。西周时期审理刑事、民事案件都要将判决内容制作成判决书,在西周铜器上这种判决被称为"成劾"。1975 年陕西岐山出土的青铜器上铸有《朕匜铭》,共 157 个字,记载了西周晚年的一起诉讼案件,一个叫牧牛的下级官吏和他的上级为争 5 个奴隶发生的诉讼。铭文中引述了法官伯扬父对牧牛的判决,"伯扬文乃成"①,可以说是迄今为止考证到的最早的司法文书。

二、春秋战国、秦时期

春秋战国时期我国奴隶制逐渐瓦解,封建制初步形成。当时的新兴地主阶级提出"以法治国"的主张,诸侯国之一的秦国一直到后来统一全国的秦朝中央政权,不断加强立法,做到凡事"皆有法式"。如商鞅在《法经》的基础上制订了秦律,同时制订了一系列单行法规,如《垦草令》《为田开阡陌令》《分户令》等。秦国完备的法令直接促进了战国中晚期到秦统一中国后这一历史时期的法律文书发展。1975 年在湖北云梦睡虎地出土了一批秦简,学界称为《秦墓竹简》。该批竹简写于战国晚期和秦始皇时期,共 1155 枚。其中《封诊式》堪称法律文书的结集,内含 23 件法律文书,其中的《贼死》《经死》《穴盗》等三例勘查笔录,制作水平已达相当高度,文字说明详细严谨,选词用语恰当得体,还有比较规范的结构程式。

其中的《经死》(吊死)译成现代汉语如下:

勘查笔录:某里的典甲说:"本里人士伍丙在家中吊死,不知道什么缘故,前来报告。"当即命令令史某前往检验。令史某如实记录:本人和狱卒某随甲、丙的妻、女对丙进行了检验。丙的尸体悬挂在他家中东侧卧室靠近北墙的房椽子上,面向南,用拇指粗的麻绳做成套,束在颈上,绳套的系束处在颈后部。绳索上面系在椽子上,绕椽子两周后打成死结,留下绳头有二尺长。尸体的头部上距房椽二尺,脚离地面二寸,头和背贴近墙,舌吐出与嘴唇齐,流有便溺,玷污了双脚。解开绳索时,尸体的口鼻中排出气体,像叹息的声音。绳索在与身体接触处留下了瘀血的痕迹,只差颈后两寸即到一周。其他部位经检查没有发现兵刃、木棒、绳索的痕迹。椽子粗一围,长三尺。西边地面上有土坎高二尺,站在土坎上面可以系挂绳索。地面紧硬,不能查知人们的足迹。绳长一丈。(死者)身穿络制的短衣和裙各一件,赤脚。当即命甲和丙的女儿把丙的尸体运送到县府。

---

① 法官伯扬父在判词中说牧牛以下犯上,本应给牧牛判处鞭刑和墨刑,经过法官宽恕和大赦,最终对牧牛判处了打 500 鞭,罚 300 锊铜。

三、汉　代

到了汉代,法制较前朝亦有了进一步较大发展,实行州、郡、县三级司法体制,逐级上告。地方长官在其管辖范围内向下级发布公文,称为"教",对下级官吏和老百姓进行行政管理。皇帝制定和发布的"诏书"和上级官吏制定和发布的"教"共同构成了汉代的法令。通常案件必须经过完整的程序才能最后决断。起诉后经过"鞫狱"(审讯)、"断狱"(判决)、"读鞫"(宣判)、"乞鞫"(上诉)等程序,并均有相应文书。汉代判例多,其中除了依据律令断案的法律文书外,还有依据儒家经典断案的判词,经诠释《尚书》《春秋》以断疑难案件。董仲舒便是《春秋》决狱的倡导者,请看他的一则判例:

时有疑狱曰:甲无子,拾道旁弃儿乙养之,以为子。及乙长,有罪杀人,以状语甲,甲藏匿乙,甲当何论?仲舒断曰:"甲无子,振活养乙,虽非所生,谁与易之?诗云:'螟蛉有子,蜾蠃负之'。《春秋》之义,父为子隐,甲宜匿乙而不当坐。"①

该判词即以儒家经义为断案的依据,论证充分,叙事简练,足以说明汉代的法律文书制作技巧又得到了提高。

四、魏晋南北朝

魏晋南北朝时期,是封建时代分裂时期最长的时代,但同时也是南北民族大融合、思想大交流时期。法律制度中出现了"科、比、格、式"等法律形式。"科、格"是律、令的补充;"比"是一种审判原则,即如果律中没有明确规定,可以适用相似法条;"式"是公文程式。这一时期的人们已经意识到法律对于安邦定国的重要性,如曹丕在《典论·论文》中说:"盖文章,经国之大业,不朽之盛世。"因此作为公文类文书的法律文书的价值与功能也得到了很大肯定。这一时期的公文写作与秦时期的最大不同是提倡行文简约,《文心雕龙》中论文体共20篇,所述文体达10余种,无不以"约"为共同写作要求。刘勰在《诏策》篇中大赞前汉郑弘、三国诸葛亮和东晋庾翼写的教令最好,义理周详,文约事丰,简言以达旨,是公文写作的典范。从技术上讲,由于南北朝时期造纸术的发明和逐步推广,纸逐渐代替竹牍和其他材料,成了公文的主要载体,使得文书的纪录有了相应的变化,出现了骑缝章。但由于纸不易保存,也使流传下来的法律文书史料相当匮乏。根据现有的史料,主要是一些出土的简牍、碑刻、玺印等,可以推测魏晋南北朝时期的法律文书基本上是沿袭春秋、汉代决狱的笔法来制作判词,法律文书并无较大变化。

① 程树德:《九朝律考》,中华书局1963年版,第164页。

五、隋　唐

自隋朝开创科举制度以来,唐朝正式确立了科举制度,判词这一文体已不仅仅是记述审判活动的文书,而且还是铨选官吏的科目之一。能否有效地掌握、运用这种文体的写作主旨和技巧,能否达到制作判词要求,是封建统治者选拔人才的一种标准,因而历代文人学士常有判词(拟判)传世。所谓"拟判"是指当时的文人,编造大量有出处或没有出处的案例,然后据此下判,以达到练习写作判词的目的。这种局面沿袭时间之长、制作文书之多,世所罕见。因为这些"拟判",判词的主人公(也就是案件的参与者),多是以"甲"或"乙"的身份出现,所以后人又把这一时期的判词称作"甲乙判"。拟判的内容是虚拟的,文人们在饱读诗书经义的基础上,常以文学语言与手法制作判词,重视文采俪偶,赋予判词语言以文学的形象性,以致科举考试中"判"这一科目,一直为骈判所垄断。比如唐代白居易等留有拟判多篇。敦煌吐鲁番出土的文书中也包含有数量可观的判词。拟判的大量出现,使唐朝判词的制作水平有了极大的提高,对此后我国古代判词语言风格的形成影响深远。

六、宋明清

宋朝的商品经济较为活跃,所以当时的民事立法相比前朝有了大规模的发展,于是法律文书的制作也有了新的动向。经过一番革新,法律文书渐渐摆脱了唐朝以来的骈体的羁绊,起用散体,走向通俗、实用。宋代实判专著——《名公书判清明集》,全书收有判词473篇,多出自名家之手,且皆为散体判和实体判。因为是实判,官吏制作判词的态度也很严肃,引法说理,剖析深刻,引经据典,析理透彻。其中王回的判词便属一例。宋朝判词不但保持了唐朝判词重视说理、表述准确精练等特点,而且其实判性质使得判词语言平实流畅,十分重视事实、情理的分析。这种风格影响了明清判词的制作,进而确立了散体判词的主体地位。这无疑是中国古代法律文书发展史上的一件大事,为其后明清散体判的逐渐盛行作了极好的铺垫。

到了明代,制作判词要求以"简当为贵",即文理清楚,言辞简练,引律恰当,判决公允,冲破了骈四俪六的形式束缚,形成了以散判为主、骈散结合的判词体式,但是仍然保留着文学语言的特征,使判词语言风格呈现出一定程度的形象性、情感性。明朝末年李清的《折狱新语》判词专集便是一典型代表。判词发展到明清时期,不仅出现了专集专论,数量和质量也都达到高峰,可以说明清时代是判词的成熟时期。清人于成龙、张船山、陆稼书、樊增祥等人,都是坚持用散体制判的大手笔,其流传当代的判词是今人研习借鉴的宝贵资料。

到了清末。受西方法律思想和法律制度的影响,在继承传统的基础上,借鉴了西方法律文书的制作规格。宣统年间,奕劻、沈家本等编纂的《考试法官必要》,对刑事、民事判决书的格式和写作内容做出了统一规定,其中刑事判决书须写明下列项目:①罪犯之姓名、籍贯、年龄、住所、职业;②犯罪之事实;③证明犯罪之理由;④援引法律条文;⑤援引法律之理由。民事判决书则写明:①诉讼人之姓名、籍贯、年龄、住所、职业;②呈诉事项;③证明理由之缘由;④判之理由。

可以说到了清代,我国的法律文书发展已比较完备,诸如诉状、笔录等都有相应的规定。这种法律文书的结构模式已经有了现代法律文书的雏形,它为我国现当代的法律文书,尤其是不同性质的各类判决书的制作奠定了基础。

七、民国时期

民国时期,基本上沿用清末的法律文书格式,同时仍注意吸取日本、德国等的文书格式,按照民事、刑事诉讼法的规定制作各类诉讼文书,其文书格式已与古代的差别极大。但在文书的语体风格方面仍然采用文言文,直到中华人民共和国成立后才得到根本改变。这一时期的法律文书主要代表作有《最高法院判例汇编》《行政法院判决汇编》《司法院解释最高法院判决汇编》《法院判例精华》。

(一)民主革命时期

民主革命时期,在共产党的领导下,建立了工农民主政权的法律制度和司法制度,设有审判、检察等司法机构,诉讼活动包括侦查、预审、起诉、裁判等各个环节,并有相应的文书配合。当时的法律文书如国家保卫局对季、黄反革命案的起诉书,临时最高法院对该案的判决书(第五号),瑞金县裁判部对谢步升反革命案件的判决书(第八号),等等,叙事简洁清晰,议论精辟、透彻,在当时发挥了重要作用,是法律文书发展史上宝贵的研究资料。

(二)抗日战争时期

抗日战争时期,基本上仍用国民党法院的法律文书格式,为了适应战争环境和群众的文化水平,文书种类有所减少,采用较为通俗的文言,结构上比较稳固,如刑、民判决书包括下列部分:标题、案号、当事人、案由、主文(结果)、事实、理由、签署等,和当代判决书大体一致。在当时最具代表性的如:陕甘宁边区高等法院关于黄克功凶杀案的判决书、布告,关于田×芳离婚案的二审民事判决书,关于侯张×离婚案的二审民事判决书,关于王光胜汉奸案的刑事判决书,等等。这些文书非常讲究语言的锤炼加工,词汇丰富,句式多变,整散交错,行文灵活,并注意吸收富于生命力的文言词语,可谓雅俗共赏,简约而不干瘪,很值得今人借鉴。

八、中华人民共和国成立以后

中华人民共和国成立以后,中央人民政府司法部于 1951 年制定了一套《诉讼用纸格式》,借鉴了当时苏联、东欧等社会主义国家的文书格式,但基本上沿用民国时期和革命根据地的格式。同时废除了文言,改直排为横排。在我国的民主革命和社会主义建设中,法律文书的作用愈加突出,如 50 年代对震惊全国的刘青山、张子善一案的审判,便充分发挥了法律文书的特点,从而显示了社会主义法制的威严。

"文革"期间,法律文书遭到严重破坏。自 1979 年开始,公安部、最高人民检察院、最高人民法院均相继重新拟定了本部门急用的文书格式。值得提出的有:1980 年由司法部普通法院司起草,以司法部名义颁发的《诉讼文书格式》共 8 类 64 种,为各基层法院以及法律顾问处提供了较为完备的统一格式。1982年,最高人民法院民庭、经济庭制定了《民事诉讼文书样式》70 种,完善了民事审判文书,有力地促进了《民事诉讼法(试行)》的贯彻执行。2016 年,为进一步规范和统一民事裁判文书写作标准,提高民事诉讼文书质量,最高人民法院又制定了《人民法院民事裁判文书制作规范》《民事诉讼文书样式》,2016 年 8 月 1 日起实施。

就刑事诉讼文书而言,1983 年,最高人民检察院在原有 17 种格式的基础上制定了《刑事检察文书样式》40 种和《直接受理案件文书格式》45 种,连同 1989年公安部拟定的《预审文书格式》已成为一套较为完整的法律文书格式。最高人民检察院于 1991 年 6 月又颁布了《人民检察院制作刑事检察文书的规定》25条,并修订了《刑事检察文书格式(样本)》计 46 种。同时,1992 年,最高人民法院下发了《法院诉讼文书样式》。这次修订以刑事、民事、行政诉讼法等法律法规和司法解释的有关规定为依据,从审判工作的实际需要出发,总结审判实践经验,参考法学研究的有关成果,力求达到法院诉讼文书进一步规范化、标准化。到了 1999 年,在总结以往经验的基础上,最高人民法院为加强审判业务建设,在原有刑事诉讼文书的基础上又通过了《法院刑事诉讼文书样式》,在 164种文书样式中,有 53 种是根据修改后的刑事诉讼法、刑法和有关司法解释的规定新增加的。

到目前为止,公安、检察、法院等司法机关都相应出台了各自的具体文书规范,并形成了较严密的制作规范系统。自此,我国法律文书的格式日趋科学、完善和系统化。

第三节 法律文书的作用

法律文书有很多作用,具体来说,主要体现在下列几个方面。

一、具体实施法律的重要手段

法律文书是一个国家法律规范和法律职能的具体体现。它的制作目的和制作内容就是为了贯彻和实施国家法律。如法院的刑事裁判文书,其制作的目的和内容就是为了贯彻实施我国的刑法,以保障国家的安全和社会制度。

二、生动宣传法律的教材

对于具体案例的处理,通过各种法律文书来阐释有关法律法规的规定和运用,能够起到更加有力的宣传和教育广大群众的作用。

三、记录法律活动的文字载体

各种法律活动的程序性推进,都必须用一定的文字加以记载。这种文字记载就是各种法律文书。历史上各种法律文书的记载还能客观反映当时社会的法律制度和发展水平。

四、考核法律人才的重要内容

由于法律文书是实施法律的重要手段,因此它的质量与更好地实践法律有着密不可分的关系。如一份起诉被告人的法律文书,如实写清被告人的犯罪事实和证据,充分阐述被告人犯有的某种罪行和法律依据,就显得十分重要。所以法律文书的制作者必须具备较高的法律知识和文书制作技巧,才能符合法律工作的需要。有鉴于此,我国各类司法机关、全国统一的司法考试等都会将法律文书作为考核的重要内容。

五、保存法律事务的文档、重要证据性材料

法律文书是法律活动的文字载体和忠实记录,因而保存下来的法律文书,对于法律活动而言是档案材料,对于检查法律实施,进一步推动法制改革具有重要意义;对于个案而言,也是重要的证据性材料,具有相应的法律效力。

第二章　法律文书的制作技巧

本章要点：法律文书制作过程中所应用到的规范要求、制作途径和写作方法。

第一节　立　意

所谓立意，就是提炼并确立文章的主题。法律文书的主题指制作主体依法对诉讼过程中某一具体问题所持的观点。确立法律文书的主旨应坚持下列原则。

一、客观性

种类繁多、作用不一的法律文书，不论是公开的，还是内部使用的，不论是刑事的，还是民事的，虽然它们所反映的案情千差万别，适用法律各不相同，但其主旨的确立都必须以事实为根据，客观、真实，符合案件实际情况。这一点与文学创作截然不同。文学创作的主旨除了具有客观性外，还允许主观性的存在，即作者的思想、人生观等对于主题的提炼起着重要的制约作用，同一事物，相同材料，不同作者所得出的主题不尽相同其至大相径庭的情况屡见不鲜。但是法律文书的主旨是绝对排斥主观意识的。因此，办案人员必须首先接触案件事实材料，从真实情况出发，经过去粗取精、去伪存真的精心研究，并依据有关法律，形成对案件性质的准确认识；绝不能凭主观臆测夸大或缩小案情，如果是这样，即使适用法律再准确，语言表述再精彩，也难以对案件的正确处理提供支持，只能造成更多的冤假错案。由此可见，案情事实（材料）是第一性的，主旨是第二性的，只有从全部材料出发，深入细致地分析研究，才能揭示本质，否则，我们司法机关的形象将会受到极大损害。

二、合法性

法律文书是法律的运用和具体化，因而其主旨的确立必须以法律为准绳，体现法的观念、法的精神和法的意志，体现国家法律的科学性和公正性，从而使法律文书具有高度的法理水平。在司法实践中,民事案件的主旨一般比较容易确立,这主旨就是当事人的诉讼请求,即当事人争执的具体的民事法律关系或权益(诉讼标的)。而刑事案件的主旨,就是被告人(或犯罪嫌疑人)的犯罪行为所触犯的罪名。但是,这种罪名的确立要根据刑法规定的各种犯罪构成要件和犯罪的基本特征,对照犯罪嫌疑人、被告人的具体犯罪事实、情节,才能得到正确认定。因此确立刑事案件的主旨,必须分析研究被告人或犯罪嫌疑人的身份、犯罪动机和目的、实施犯罪行为的方法和手段、犯罪所侵犯的客体,等等。

三、鲜明性

法律文书主旨必须明确、突出、集中,一目了然,绝不能隐晦、含糊或让人产生歧义和误解。一部文学作品的主题有时可以有不同的理解其至产生争议,然而法律文书却竭力避免这种情况。制作主体对案件的性质持何种观点、是与非、罪与非罪、肯定与否定都应清清楚楚鲜明地予以表达,这样才能体现法律的公正性、权威性,才能促使当事人明白如何遵纪守法,才能不断地加深公民的法律意识。例如一起因赌博离婚的案件,在法院审理的过程中发现夫妻双方感情尚未破裂,而且男方(被告)对自己赌博的恶习表示彻底悔改,在制作调解书时,出现了"以不离为宜"的商榷性用语,这是不恰当的,离或不离应明确肯定,绝不能让略带犹豫的语言出现在文书中。

第二节　选　材

制作主体依照客观事实,根据有关法律规定,确定了案件性质后,便要以此为出发点,选择足以说明案件性质的材料入文,才能收到"提领而顿,百毛皆顺"的效果。各类案件的制作都应把握这一原则。

选材时应力避两个极端:一是机械照相。制作者不动脑分析综合,而是平铺直叙,不分青红皂白地记录案件所涉及的所有行为事实,以至于拖沓烦琐,分不出主次重轻,不能突出文书的实质性内容。二是任意增删有关材料,或者画蛇添足,或者残缺不全,难以反映案件实质。

例如有一起因意外事故致死人命的案件,某公安局侦查终结后,移送某检察院审查起诉,经查证核实,某检察院认为该案虽然有造成致死人命的严重后果,但被告人不是出于故意,而是由于不能预见的原因所致,并不构成犯罪,依据有关法律规定,决定对被告人不予起诉,立即释放。

【**实例**】19××年8月19日,被告人张××帮助表兄卜××开山打石头,午饭后,张××上山捉蝈蝈,看山人员张×胜误认摘自己的豆角,连喊两声,张××未走,张×胜、王××等持土枪将张××撵走。张××回到石坑对卜××讲了吵嘴过程。卜××即约张××等四人去和张×胜等辩理,卜××先将王××竖在屋内山墙的土枪扔掉,张××又将张×胜的土枪扔掉,均未响。王××怕摔坏他的土枪,去拾起来。张××又夺去向距其表兄卜××15米的相反方向一扔,结果使枪撞响,击中其表兄卜××胸部,经抢救无效死亡。

第三节　结　构

结构,即谋篇布局。它的任务是把各个部分、各种因素连结为一个和谐的整体,使内容的表现达到真实而鲜明的效果。为了保证法律文书的权威性、严肃性、完整性和实用性,司法机关对文书的结构形态做了明确规定,因而法律文书在结构上具有明显的特点——程式化。

所谓程式化,是指法律文书结构形态的类型化,同一种文书可以适应不同案件。比如同是起诉书,它可以针对张三的抢劫案,也可以适用李四的盗窃案,案情不同,但起诉书的结构布局没有变。

现行法律文书的结构形态从整体上来考察,还具有以下几方面特点。

一、严谨性

严谨性即结构布局精细严密,无懈可击。这里以拟制式文书为例。这类文书在脉络、层次和段落、过渡和照应、开头和结尾等成分上都强调了严谨性。

1. 脉络,即文书中事理发展、推进所显现出来的轨迹。没有了它,所有的案情都不过是一盘散沙。

2. 层次和段落。法律文书层次和段落的划分都是非常明确的。

层次是针对文书内容的切割、划分,段落是根据文字表达上的停顿而形成的。从整体上看,法律文书的层次大都呈并列式,即各个层次之间呈现为并列关系。层次,是内容表现的顺序,体现着制作主体对全局与局部、总体与部分之间内在逻辑关系的把握。

段落,在文章的结构布局中也是很重要的,它能逻辑地表现思维进程中的每一转折、间歇,清晰地反映文章的内在层次和节奏。法律文书的段落呈现为板块形,而非条块形,这样从整体外观上给人一种严谨、整齐、庄重感,而没有零散琐细的印象。

3. 过渡和照应,指上下文之间衔接与转换、前后内容上关照与呼应的结构手段,有了这些手段才能让文章的脉络气势充分贯通。法律文书的段落层次虽然强调板块性,但每个段落层次间的意思表达都非常注意内在联系。文章写作中常见的过渡手段有两种:语接和意接。为了明确表意,便于人们理解,法律文书多采用语接的过渡方式,这些在文书格式中有着严格的规定。

至于内容上的呼应,在法律文书中要注意以下几方面:事实与理由相呼应,结论与事实相呼应,结论与理由相呼应。每一件法律事实都需有相应的法律规定,以论证是与非、罪与非罪等,否则就损坏了"以事实为根据,以法律为准绳"的办案原则;结论是建立在事实和理由基础之上的。三者之间必须保持一致性,不能出现相互矛盾、含糊不清的现象。

比如,一份起诉意见书在叙述完较轻微的盗窃罪事实后,又写道"犯罪嫌疑人于 5 月 15 日自首,并主动将赃物退还失主",这一情节说明犯罪嫌疑人已具备不起诉的条件,而文书中却得出了起诉意见这一结论,显然结论与事实间相矛盾。

4. 开头和结尾,是文章不可缺少的组成部分。法律文书的首尾自有其程式化特点,一般首部包括制作机关、文书名称、文书编号三项,尾部包括签署、日期、用印以及附项等项目。由于格式中对开头和结尾均已严格固定,所以在制作具体文书时只要依格式制作即可,表述上要干净、利落、条理分明。

二、完整性

完整性指结构布局匀称饱满、首尾圆合,形式和谐、浑然一体,没有虎头蛇尾、前后割裂之感。综观诸种法律文书的结构格式,大体可以分为首部、正文、尾部三大部分,除了表格类、笔录类中个别文书外,每一部分一般又包括如下构件:

首部:制作机关、文书名称、文书编号。

正文:当事人的基本情况、事项来源(案由、案件来源)、事实和证据、理由及法律依据、结论。

尾部:签署、日期、用印、附项(其他事项)。

以上构件可能因具体文种的变化而有增删,但必须在明确规定下变动,绝不能随意去留,以保证文书的完整性、统一性。严谨与完整是密不可分的,两者共同服务于法律的严肃性。

第四节　表达方式

写作学中的表达方式一般有叙述、议论、说明、抒情、描写五种。表达方式的选择与文体关系密切，如在文学作品中抒情、描写运用得比较多。法律文书自身的特点决定了它对表达方式的选择，即以叙述、议论、说明为主，不用抒情，少用描写。

一、叙　述

所谓的叙述就是将事情的前后经过记载下来或说出来。叙述一般包括时间、地点、人物、事情起因、经过、结果六个要素。叙述与时间关系最为密切。无论是人物活动的过程，还是事物发生发展变化的过程，都表现出一定的顺序性与持续性，即"过程"在一定时间条件下进行，语句一般按时间顺序排列。叙述一般不用中心句。在法律文书制作中，对于案件事实部分的记录主要采用下列四种叙述方式。

(一)时序法

时序法即通常所说的"顺叙"记叙法。其特点是文章的层次和案件发展的过程基本上一致，因此，首尾分明，脉络清楚，能比较详尽地反映案件全过程，符合读者的接受心理。

(二)突出法

在叙述案情时，依突出其中主要矛盾、主要情节、主要人物的方法进行，将案件的重点人、事叙述清楚，并予以强调。突出法主要适用于刑事案件有关文书的制作，具体表现为以下两种方法。

第一，突出主罪法。即按被告人或犯罪嫌疑人所犯罪行的主次重轻顺序来记叙，把性质严重、情节恶劣、危害性大的罪行放在第一位详细叙述；将性质、危害、情节相对较轻的犯罪事实放在后面叙述。这样叙述主次罪责分明，可避免定罪失据、量刑畸轻畸重等弊端，适于记叙数罪并罚的案件。下面一例则违背了突出主罪的方法。

【实例】刘××，长期好逸恶劳，不务正业。20××年秋，刘××投拜巫婆黄××为师，在家安位烧香，自称"刘大仙"。自20××年秋，刘××采取装神弄鬼、拿妖捉怪等各种欺骗手段，先后流窜到大岭、马路口、狮子岗等地进行迷信欺骗活动 30 余次，欺骗 100 余人，给 6 人安了"神位",共骗得现金 12000 余元,鸡蛋 2400 余斤,香烟 500 余包,以及鞋子、猪肉、鸡鸭、布料等物,还发展一名学徒。更为严重的是刘××利用搞迷信活动之机,采取各种卑劣手段,先后于 2 月 3 日、2 月 13 日,奸污了×××村妇女罗××和××村妇女吴××、未婚女青年曹××(吴、曹是母女)。奸污后,还多次拐带吴××、罗××、曹××三人一同外出,四人同宿一床,轮流奸污她们,情节严重,影响极坏。

评述:这段事实出自某县公安局的一份提请批准逮捕书,其缺陷是主次不清,详略失当。应将强奸罪放在首位,详细叙述实施该罪的时间(原文只有月、日,未写年度)、地点、手段、后果等要素,以突出主罪;而后可用综合归纳法简叙刘××所犯诈骗罪,原文中部分文字可删略,这样便可避免喧宾夺主、冲淡主罪的弊病,收到较好效果。

第二,突出主犯法。以各被告人或犯罪嫌疑人在共同犯罪中的地位和作用为线索,依先主犯后从犯的顺序叙述犯罪事实。其特点是罪责分明,便于定罪量刑,使复杂的案情条理清楚。例如某公安局起诉意见书的事实部分:

20××年 4 月 26 日晚,犯罪嫌疑人杨××、熊××、李××、卢××以及张×法在××县服务楼旁闲谈中,杨××提出抢劫旅社。27 日晚,杨、熊、李、卢四人又聚集在××私人在××县城开办的交通旅社里,当杨××又提出抢劫旅社时,熊××发现在该旅社的旅客已睡,熊××说:"上那屋看看。"接着熊、杨先后到该旅社旅客胡××、关夫妇住的房间外,熊从窗户处将门弄开,并入室把胡的提包拿到犯罪嫌疑人住的房间后又返回,后四犯罪嫌疑人相继入室,杨持三棱刀相逼,李××拿斧头相威胁,抢走胡的现金人民币 5700 元,李××顺手拿了一副眼镜。

评述:这份起诉意见书在叙述犯罪事实时,围绕主犯杨××、熊××的组织、实施等犯罪活动安排层次,并结合叙述其他从犯的罪行,每个犯罪嫌疑人在犯罪过程中的地位、作用和应负的罪责清清楚楚。

(三)总分法

总分法适于记叙触犯多种罪名的共同犯罪案件。这类案件案情错综复杂,叙述时要点面结合,既不能疏漏残缺,又不能平行罗列,所以难度较大。

总分法的特点是:先把该案的犯罪事实提纲挈领地总括叙述,然后再依犯罪嫌疑人主从顺序或罪行轻重顺序分别叙述,以区分罪责,严谨结构。例如李××等持枪抢劫和盗窃犯罪一案的起诉意见书,由于该案犯罪嫌疑人较多,共有十名,所犯罪名也较多,故该起诉意见书在叙述犯罪事实时,先总述"20××年以来,李××个人或以李××为首,先后伙同犯罪嫌疑人逄××、李×财、付××、王贵×、陈××、穆××、张××、孟××、王×海等人在本市内、西郊区、静海县大肆进行持枪拦路抢劫和盗窃犯罪活动,情节特别严重,严重地危害了公民人身和财产安全"。然后再分列叙述抢劫罪、盗窃罪两部分事实,各位犯罪嫌疑人的主从地位、作用和罪责随之明确。

(四)归纳法

归纳法即用概括的文字将被告人、犯罪嫌疑人的犯罪事实加以综合归纳,适合记叙多次犯有同类罪行的案件。

归纳法的优点是:语言简练,文字节省,便于了解犯罪嫌疑人、被告人的全部罪行。但归纳法易冲淡重点部分,运用时应注意既全面又能突出主罪。

不论哪种叙述方式运用于任何性质的案件,都应注意将构成案件事实的有关要素交代清楚。

二、议　论

议论亦即"说理",是制作者通过事实材料及逻辑推理来明辨是非、阐发道理、表明见解和主张的一种表达方式。它是法律文书制作过程中不可缺少的表达方式之一,通常运用于理由部分。

法律文书中事实是基础,理由是灵魂。因此,理由部分对制作者的要求也相对较高。它不仅要求制作者对本次事实的特点了如指掌,对有关法律规定、政策精神以及所涉法学理论运用得准确、恰当,具有针对性,而且还应具备分析判断的能力,熟练掌握推理论证的写作方法,以使法律文书收到理由充分、结论准确、令人信服的效果。

对理由部分加以分析,从内容、结构上可以分为两个层次:事实论证和法律论证。

(一)事实论证

事实论证是从个别到一般的论证方法,是对许多个别事物的分析和研究后归纳出一个共同的结论的推理形式。使用这种方法,一般是先分论后结论,即开门见山提出论题,然后围绕论题逐层运用材料证明论点,最后归纳出结论。这种结构的方法,比较符合人们的思维认识规律。

(二)法律论证

法律论证即援引法律条文以充分论证事件性质。在引证法律依据时应坚持准确、具体、完整、有序这一原则。

在论证的具体方法上,可采用正论与驳论两种。

1. 正论,又叫立论,是以充分论据正面证明自己论点的议论方式。以案情事实、证据和法律依据为论据,经过分析、推理,证明制作主体对案件结论所持的观点。一般适用于非辩论文书,如起诉书、一审判决书、调解书等大量文书采用此法。

2. 驳论,是以有力论据反驳对方论点,从而以破为立的一种议论方式。立论是正面的、直接的证明,驳论是反面的、间接的证明,目的是一样的。根据反驳的直接着眼点不同,驳论又可具体分为反驳论据法和反驳论点法、反驳论证法。

北京市第一中级人民法院制作的关于成××案的刑事判决书,其理由论证充实透彻,节选如下:

> 本院认为,被告人成××身为国家工作人员,利用担任中共××××自治区委员会副书记、××××自治区人民政府主席的职务便利,伙同李×或单独接受他人请托,为他人谋取利益,非法收受财物,其行为已构成受贿罪。北京市人民检察院第一分院指控被告人成××犯受贿罪的事实清楚,证据确实、充分,指控罪名成立。被告人成××的受贿数额特别巨大,其作为高级领导干部,所犯罪行严重破坏了国家机关正常工作秩序,侵害了国家工作人员职务的廉洁性,败坏了国家工作人员的声誉,犯罪情节特别严重,依法应予严惩。虽然成××受贿的赃款已被追缴,但不足以据此对其从轻处罚。辩护人请求对成××从轻或者减轻处罚的意见缺乏事实和法律依据,本院不予采纳。据此,根据被告人成××犯罪的事实、犯罪的性质、情节和对于社会的危害程度,依照《中华人民共和国刑法》第三百八十五条第一款、第三百八十六条、第三百八十三条第一款第(一)项、第二款、第五十七条第一款的规定,判决如下:被告人成××犯受贿罪,判处死刑,剥夺政治权利终身,并处没收个人全部财产。

例如,在一起故意伤害案中,被告人辩解说,自己因被自诉人欺骗才伤害自诉人的,故不应负刑事责任和民事责任,判决书在理由部分反驳:"自诉人侯××同时与两人恋爱,确属不当。但有过错的人其人身权利和财产权利同样受法律保护。""被告人提出伤害有过错的人则不负任何责任的辩解意见不能成立。"反驳得令人心服口服。

三、说　明

说明是对事物形状、性质、特征、成因、功用,或有关人员的经历、特点,以及事理的概念、意义等的解释和介绍。

说明是极重要的表达方式,并得到广泛运用。比如笔录类文书中的现场勘查笔录,要借助说明来介绍地理位置、现场遗留物等。

说明的方法主要有概括说明、定义说明、数字说明、引用说明。

1. 概括说明,即将有关事情进行概括性介绍,给人留下一个总体轮廓。比如文书中有关案由、案件来源,便采用此种说明方法。

例如在一份故意抢劫杀人案的起诉意见书中,对于案件来源和基本情况的说明:"犯罪嫌疑人陈××涉嫌故意杀人罪、抢劫罪一案,20××年××月×日×时由本市河源区大学城区公安人员抓获。我局经审查于××月××日立案。……"

2. 定义说明,即通过下定义明确事物的内涵与外延,指出事物的性质特点,使它与别的事物严格区别开来,是一种比较严密、比较科学的说明方法。

例如一份公诉词在论证过程中穿插了说明:"……姚××和董××断绝恋爱关系,是不是要和他人结婚? 审判长、审判员,在这里我特别要说明一点,婚姻自由是我国法律明确规定的。《中华人民共和国婚姻法》第一章第三条规定:'结婚是男女双方本人完全自愿,不许任何人对他方加以强迫或者任何第三者加以干涉。'姚××出于与董××的恋爱关系本来就不巩固这样的情况而中断与董××的恋爱关系,这完全是姚××的权利,谁要加以强迫和干涉都是非法的。被告人董××由于姚××断绝与他的恋爱关系,就报复杀人,这是国法所不容的。"

3. 数字说明,即有些案件只用文字难以说清,需要借助数字,与文字配合起来,才能收到明确、清晰的效果。

例如,海南省海口市中级人民法院制作的陈××等故意杀人案第一审刑事判决书,就借助了数字说明来列述事实,其中一段文字如下:"综上所述,本院认为,被告人陈××的行为构成抢劫罪,故意杀人罪(未遂),非法买卖枪支、弹药罪,非法持有、私藏枪支弹药罪,抢夺罪。其参与抢劫犯罪活动 13 次,抢得人民币 33 万余元、港币 36000 元、摩托车 3 辆、移动电话 3 部、金饰物 5 件、照相机 1 部、手表 110 块,数额巨大;其中 12 次持枪抢劫,4 次入户抢劫,社会危害极大,应依法严惩;其非法买卖手枪 1 支、子弹 5 发,5 次持枪抢劫;非法持有、私藏手枪 4 支,多次用于抢劫、故意杀人犯罪活动,情节严重,应依法惩处;其参与抢夺犯罪活动 1 次,抢得人民币 3000 元、移动电话 2 部,数额较大,亦应依法惩处;被告人陈××在犯罪后逃避追捕,两次向执行追捕任务的公安人员开枪射击,虽未致人伤亡,属杀人未遂,但情节恶劣,犯罪气焰极为嚣张,社会危害极大,且系累犯,应依法从重处罚。"这一系列的数字,充分说明了本次作案性质的严重性。

4. 引用说明,即引用能够说明案情的或与案件密切相关的文字来增强说服力的一种手段。

例如一份著作权纠纷的判决书理由部分有这样一段文字:"1991年8月,上影厂开始与池×联系商谈将该小说改编拍摄成电影的有关事宜,同年12月12日,池×与上影厂签订了《〈太阳出世〉文学作品改编合同书》。合同约定'池×同意上影厂在1991年12月12日至1993年12月12日的两年期间内,对小说《太阳出世》享有专有影视改编权。在此期间内,上影厂若要将该专有影视改编权许可(或转让)给第三方,必须事先征得池×的书面同意。如一方违约,由违约方向受害方承担恢复名誉、赔偿经济损失的责任。'双方还约定'本合同若有未尽事宜或需变更、解除,均由甲、乙双方重新协商,并另签书面合同'……"

引用合同中的原文说明双方当事人的是非责任,与整体议论融为一体增强了论证的深透性。

第三章　法律文书的言语交际规范

本章要点:法律文书的语言运用规范问题,语汇的专业化、语言的理性化、语言的书面化。

　　语言是人类最重要的交际工具,言语交际便是对语言的具体运用。法律文书作为实用性很强的一种公文文书,有其独特的交际领域、交际对象和交际职能,从语言的运用、表达方式到结构布局等诸方面形成了自身鲜明的文体特点。本章主要介绍法律文书的语言运用规范问题。

第一节　语汇的专业化

一、法律文书的制作需要运用大量的法律术语

　　法律术语是法律领域用来表示特定概念的专门用词。法律文书的制作需要运用大量法律术语,法律术语可以营造法律的权威性和专业性气氛。我们可以把营造这种法律专业氛围的语汇分为三类:标准法律术语、一般标准法律术语和限选性一般语汇。标准法律术语直接来源于法律法规中,具有严格的科学定义,不能随意适用。如诉讼当事人、原告、被告、第三人等称谓。一般法律术语是在标准法律术语外在一般语言环境中也经常使用的法律词汇,通常由司法机关在长期实务工作中形成,如"定案根据""疑案""证据不足"等。限选性一般语汇是指被有条件吸收进法律文书中,用于补充、丰富法律文书专业化色彩的普通词汇。

　　这三类词汇在法律文书的制作中,必须以标准法律术语为核心,一般标准法律术语为次之,限选性一般词汇为补充,以体现法律文书的专业气氛。

二、在朴素的文风基础上讲求准确

严格区分近义词汇的界限。法律文书写作中常常会碰到一些近义词,这类语汇在一般言语交际中含义相近,甚至可以混用,然而在法律文书中却需要严格区分它们之间的细微差别,绝对不能任意替换。注意辨析它们的不同,是保证法律文书词汇专业化的一个重要方面。

(情节)严重——(情节)恶劣、审判——判决、诉讼——起诉、隐私——阴私、询问——讯问、被告——被告人等,这几组词语意义上有相近之处,但又互有区别。如"(情节)严重"和"(情节)恶劣"是刑法中定罪量刑的不同情节,有些罪名必须达到情节严重才能构成犯罪,如侮辱罪;而有些罪则必须是情节恶劣才能构成犯罪,如虐待家庭成员罪。所以在运用这些近义词时应当严格区分。

第二节　语言的理性化

法律文书语言的专业化即法言法语,为文书整体语言风格奠定了一种色彩鲜明的基调,它直接制约着语言运用的其他方面。文书语言的理性化,就是在此基础上形成的。

所谓语言的理性化,指制作者依抽象思维的轨迹,客观冷静、平实质朴地运用语言,不掺入任何主观情绪。

我们试看下面两例。

【例1】她和他同村,年方19岁,肌肤胜雪,白里透红的瓜子脸,两泓波动秋水般的眸子,还有那如云的秀发,荡漾着甜美的笑靥,常常令他销魂。

【例2】原告:阳林,男,1954年3月2日出生,汉族,浙江省××县人,金华市××计算中心干部,住本市×××小区南区A楼301室。

文学作品依靠形象思维运用语言,进行创作,没有固定的模式可依循,思路如行云流水,无拘无束,为达到言有尽而意无穷的目的,可以借助大量比喻、夸张、拟人等修辞手法。法律文书要求依靠逻辑思维按一定的格式去制作,思路受固定结构的制约,力求语言精确明白,为此还常常用到大量的数字,以增强准确度。如有关赃物的数量、地理位置的描述、被害人的伤害情况鉴定等。

试看下面两例。

【例3】现场位于405国道357公里处路段南侧,向东20米处是

357 公里路段标志,北侧 25 米处是兰花饭店。

【例 4】看吧,由澄清的河水慢慢往上看吧,空中,半空中,天上,自上而下全是那么清亮,那么蓝汪汪的,整个的是块空灵的蓝水晶。这块水晶里,包着红屋顶,黄草山,像地毯上的小团花的小灰色树影;这就是冬天的济南。

法律文书要求语言理性,不带感情色彩,层层分析,逻辑推理严密,不用疑问句和反问语句。下列一份解除养父子关系的民事判决书,理由部分(节录)的写法却也犯了类似错误:

"本院认为……双方曾发生过一段养父子关系……因而,身为长者应念晚辈尚在年幼,……负一些力所能及的义务,以显长者之仁厚,何乐而不为? 被告亦应念原告为了养育自己花了一些心血……自应以德报德,以示晚辈对老人孝敬之意,争得舆论之同情,挽回双方之裂痕,岂非美事……"

第三节　语言的书面化

语言的风格类型一般有两种,一种是口头语风格,另一种是书面语风格。法律文书除了笔录类文书中(如讯问笔录)根据实际情况有口语风格存在,其余各类文书均应保持书面语风格。

一、语汇的书面化,忌用方言土语

方言土语的使用可以使文学作品更加具有地方特色和亲切感,增加了文学作品的可读性和趣味性,是一种很好的写作手段。但是法律文书强调选用书面标准语词汇,排斥方言、土语、俚俗语的渗透。

【例 1】王、张二人又在双港食品加工厂和双港农机站盗窃食油 30余斤,以及废铅等物,由张、王二人分瓦片。

【例 2】李、赵处朋友,在新工一村岩坎下土坡处玩耍子,摆谈中两人发生争执,当李再次坚持不与张处朋友时,张即起杀人恶念。

法律文书在排斥方言俗语的同时,却适当吸收了古汉语中的一些词汇。如单音节的虚词、双音节词语以及四字格结构短语。

【例 3】本院认为,被告人张××,无视国法,在加强廉政建设、整顿不正之风之际,利用职权,收受贿赂 31 次,数额巨大,并为行贿人谋取非法利益,已构成受贿罪,本应从重处罚。但鉴于被告人在案发后,能主动交代检察机关尚未掌握的主要事实,积极交出全部赃款,检举他人犯罪,有立功和悔罪表现,本院决定对被告人及其辩护人的意见,予以采纳。

例中运用了"并、已、本、但、及"五个单音节虚词,这些虚词本身并没有词汇意义,但有语法意义,当它们与上下文结合起来时,便可以表达丰富的逻辑关系。

【例 4】综上所述,张××,杀人碎尸,手段残忍,情节恶劣,罪行严重,触犯了……,特将本案移请审查,依法起诉。

评述:这段起诉意见书的理由部分,连续用了多处四字格结构(由四个音节组成)短语,音节整齐匀称,读来富有音乐性,表意言简意赅,节奏上铿锵有力,增强了法律的威慑力。

二、句式的选择

语言交际中同一个意思可以用不同的结构形式来表达,但表达效果会有所不同,因此可以根据表达需要选择适当的结构形式。同时,在同一表达结构中,由于汉语中大量丰富多彩的句式,或松散或严谨,或整齐或错落,另有语气的抑与扬等,都会形成不同的表达重点、语意轻重、语气态度、风格色彩等表达效果。

法律文书侧重于运用大量陈述句,目的在于严谨、客观地叙说案情;较少使用祈使句,排斥使用感叹句。从句式的长短上看,法律文书中常是长、短句并用。请看一份判决书的案由、案件来源部分。

【例 5】河南省周口市人民检察院以周检刑诉〔2012〕61 号起诉书指控被告人刘××犯故意杀人罪,于 2012 年××月××日向本院提起公诉。本院审查后,认为符合法定的开庭条件,依法组成合议庭,于 2012 年××月××日公开开庭审理了本案。周口市人民检察院指派检察员李××出庭支持公诉,被害人轩×亲属的诉讼代理人陈×,被告人刘××及其辩护人冉××到庭参加诉讼。本案现已审理终结。

法律文书通常在写明案由、案件来源,议论说理,列举证据时多用长句。但长句较多时易形成沉闷、呆板的气氛,而短句恰恰可以弥补这一不足。长短句交错出现,优势互补,可以极大地丰富语言的表现力。总之,不论选用何种句式,都应符合法律文书的文体特性,力求表意完整,严密周详,不生歧义。

‖ 中篇 ‖

司法机关的法律文书制作

第四章　公安法律文书

本章要点:公安法律文书的类别与制作规范。

第一节　公安法律文书概述

一、概　念

公安机关法律文书分为公安刑事法律文书和公安行政法律文书两大类。这是由于公安机关本身具有刑事侦查职能和行政治安管理行政职能所导致的。公安刑事法律文书是指公安机关在刑事诉讼活动中依法制作或者认可的具有法律效力或法律意义的文书。公安行政法律文书是公安机关在行使治安管理行政职权时制作的具有法律效力或法律意义的文书。

● 所谓"认可的"是指公安机关认可的其他机关、团体和诉讼参与人依法制作的各种文书,如被告人、犯罪嫌疑人的亲笔供词,证人亲笔证词等。

● 所谓"依法制作的"是指与公安机关的职责密切相关的并由公安机关制作的文书。

二、类　别

公安部于 2002 年 12 月 8 日下发了《公安机关刑事法律文书格式(2002 版)的通知》,到了 2012 年,公安部又对 2002 年版的公安法律文书进行了修改和补充,下发了《公安机关刑事法律文书式样(2012 版)》,共计 97 种。公安部要求各地公安机关办理刑事案件时,应当严格依照《中华人民共和国刑事诉讼法》《中华人民共和国刑法》《公安机关办理刑事案件程序规定》等法律、规章进行选取、制作、填写和使用刑事法律文书。依据上述规定,公安刑事法律文书的主要类别如下:

第一类,立案、破案、管辖、回避文书 8 种。有立案报告书、破案报告书、不立案理由通知书、受理刑事案件登记表等。

第二类,律师参与刑事诉讼文书 4 种。涉及提供法律援助通知书、会见犯罪嫌疑人申请表、准予会见犯罪嫌疑人决定书、通知书和不准予会见犯罪嫌疑人决定书。

第三类,强制措施文书30种。有呈请拘传报告书、呈请取保候审报告书、呈请监视居住报告书、呈请拘留报告书、提请批准逮捕书、逮捕证、拘留证等。

第四类,侦查取证文书41种。有询问/讯问笔录、搜查决定书、现场勘验笔录、起诉意见书等。其中,技术侦查文书有采取技术侦查措施决定书、执行技术侦查措施通知书等4种。

第五类,执行文书6种。有提请减刑/假释建议书、假释证明书、刑满释放证明书等。

第六类,其他通用类文书5种。有各种呈请报告书、复议决定书,提请复议意见书等。

第七类,规范性文书3种。包括刑事侦查卷宗(封面)、卷内文书目录和告知书。

三、特　点

公安刑事法律文书除了具有法律文书的共性外,还明显地表现出下列两个特点:

1. 原始性。公安刑事法律文书是对刑事诉讼活动最初阶段的记录,没有公安刑事法律文书就难以产生检察刑事法律文书和审判刑事法律文书。因此,公安刑事法律文书在刑事案件中具开创性特征,应保持原始、客观的特性。

2. 非公开性。受案件还处于公安侦查进行中,并未最终定论等因素制约,绝大多数公安刑事法律文书是供司法机关内部使用的,在内部流转,一般不对外公开,具有较强的保密性。

第二节　刑事案件立案报告书

一、概　念

呈请立案报告书是指公安机关侦查人员对受理刑事案件的材料经过审查,认为符合立案条件,并属于公安机关管辖的案件,报请领导审查批准是否立案的法律文书。经县级以上公安机关负责人批准后,即成为公安机关对该案立案侦查的依据。

呈请立案报告书的功能有两点:一是依法确认案件成立,是刑事诉讼活动开始的文字凭据;二是对侦查工作具有指导意义,因为呈请立案报告书对案情进行了一定的分析,并提出了侦查计划,能指导侦查工作顺利进行。

二、相关法律联结

根据《中华人民共和国刑事诉讼法》第一百零七条、第一百零八条、第一百零九条规定,公安机关或者人民检察院发现犯罪事实或者犯罪嫌疑人,应当按照管辖范围,立案侦查。

第一百零七条　公安机关或者人民检察院发现犯罪事实或者犯罪嫌疑人,应当按照管辖范围,立案侦查。

第一百零八条　任何单位和个人发现有犯罪事实或者犯罪嫌疑人,有权利也有义务向公安机关、人民检察院或者人民法院报案或者举报。

被害人对侵犯其人身、财产权利的犯罪事实或者犯罪嫌疑人,有权向公安机关、人民检察院或者人民法院报案或者控告。

公安机关、人民检察院或者人民法院对于报案、控告、举报,都应当接受。对于不属于自己管辖的,应当移送主管机关处理,并且通知报案人、控告人、举报人;对于不属于自己管辖而又必须采取紧急措施的,应当先采取紧急措施,然后移送主管机关。

犯罪人向公安机关、人民检察院或者人民法院自首的,适用第三款规定。

第一百零九条　报案、控告、举报可以用书面或者口头提出。接受口头报案、控告、举报的工作人员,应当写成笔录,经宣读无误后,由报案人、控告人、举报人签名或者盖章。

根据《公安机关办理刑事案件程序规定》第一百六十二条第一款之规定,公安机关受理案件后,经过审查,认为有犯罪事实需要追究刑事责任,且属于自己管辖的,由接受单位制作刑事案件立案报告书。

三、格　式

关于×××案的立案报告书

×公（　）立字〔　〕　号

一、案件受理情况

二、立案根据（呈请事项）

三、立案理由(事实依据和法律依据)

四、侦查计划

以上报告,请审批。

承办单位:

承办人:

年　月　日

(印章)

四、制作法律文书的思路和方法

刑事案件的立案报告由首部、正文、尾部三部分组成。

(一)首　部

首部包括标题和文书编号两部分。

1. 标题。写明案件名称和文书名称。如"'4·15'重大抢劫杀人案立案报告文书"或"关于王××盗窃案的立案报告文书"。标题要求点明案件性质和文书名称即可。

2. 编号。编号写在标题的右下方,由公安机关代字、文书名称简称和文书年度、文书顺序号组成。公安机关代字,如北京市填写"京",立案报告文书的文书名称简称为"立",故可写为"×公(刑)立字〔年度〕　号"。

(二)正　文

1. 案件发现情况。扼要写明案件来源和受理过程。如报案人的姓名、身份情况及其对案件发现情况或发生经过的陈述,写清发现的时间、地点、现场情况、犯罪嫌疑人是谁及其去向等。如是公安机关自己发现的和查获的案件,应写明发现和查获的情况。

2. 立案根据。这是立案报告文书的重点部分,一般包括现场勘查情况、现场调查访问情况及鉴定结论。

现场勘查情况主要写明以下内容:①现场环境及现场的中心地点。②现场上的主要发现,如杀人案中被害人的身份情况、尸体的位置、状态、致死原因、衣着等;盗窃案中门窗被撬情况、箱柜物品是否被翻动及丢失钱物数额;现场提取的血迹、足迹、作案工具、遗留物、指纹等。现场勘查是为了获取第一手材料,所以该项内容应详细写明。当然,没有明显现场的案件此项可略掉。

调查访问是侦破案件的重要手段之一,调查访问所获得的情况对分析判断案情具有重要意义。调查访问情况应具体写明:①调查对象,如受害人、目击者、知情人等。②调查内容,如案件发生的时间、地点、经过;受害人或者受害单位的情况,如受害人的生活作风、经济条件、社会关系、政治思想等情况;犯罪嫌疑人的有关情况,如性别、年龄、形象特征、作案手段和工具,可能作案的原因,以及历史情况、现实表现、去向等;发案单位有无异常情况和异常人物,案件发生的因果关系及证据等。

3. 立案理由。主要针对报案、控告、举报或者犯罪嫌疑人自首的交代、现场勘查、调查访问及鉴定结论的综合分析判断,说明立案的条件和依据,是对上述阶段所获材料、线索的客观分析,为拟订侦查计划提供关键性的依据。

最后引用刑法和刑事诉讼法的条款具体来认定案件性质,提出立案要求,同时还要写明案件的严重程度,即说明立为一般案件还是重大或特大案件。

4. 侦查计划。主要写明付诸行动的侦查方案。包括下列内容:侦查的组织领导及分工情况,侦查的方向、范围和主要目标,侦查的方法、步骤、措施、策略,侦查的预计期限以及特殊侦查方法的使用。

(三)尾　部

写明"以上报告,请批示"或"请审批"等结束语。这是报告类文书不可缺少的。然后签署制作机关全称、日期,加盖该机关公章。盖章应端正清晰,注意要骑年盖月。

五、实　例

呈请对 2·15 盗窃案的立案报告书

×公(刑)立字〔20××〕第 17 号

××市公安局:

20××年 2 月 15 日上午 8 时 30 分,我分局接到××贸易公司保卫科科长陈×电话报称:昨晚该公司财务科 15 万元现金被盗,现场已保护。接报后,我们立即组织有关人员赶赴现场开展工作,现将有关情况报告如下:

一、发案报案经过

20××年 2 月 15 日上午 7 时 30 分,××贸易公司财务科出纳员严××推门进入办公室后,发现窗户玻璃被打烂,保险柜被撬开,经清点,15 万元现金全部被盗走。严××立即报告公司领导和保卫科科长陈×,陈×便向我局值班室报了案。

二、现场勘查情况

现场位于我区工人俱乐部门前,坐东朝西,半旧平房一栋,共 25 个房间,平房前有围墙,两侧开有大、小门,墙外是停车场。失窃的财务科是 20 号房,该房东西对开窗两个,房门朝西。

西边窗口敞开,窗的铁条被掰开,窗台上有一残缺鞋印(已提取),窗玻璃有 3 枚汗液指纹(已提取),保险柜的锁已破坏,门口有汗液指纹一枚(已提取)。

三、案情分析

1. 作案时间。据公司部分员工回忆,××月××日晚上,公司部分员工加班至 12 时多一点儿才回宿舍,财务科的严××、肖××也与其他员工一起加班,回家前还检查过门窗。据此判断案发时间是在下半夜至凌晨。

2. 作案范围。据严××说,现金 15 万多元是当天公司营业收入,平时是存银行的,但当天收市迟,清点后见天色已晚,就抱着侥幸心理,没有存银行。由此看来,内部或内外勾结作案的可能性极大,同时也不排除流窜作案的可能性。

3. 作案嫌疑人。从作案现场分析,犯罪分子力气大,且熟悉保险柜开锁技术。从其他房间无异常、目标准确看,此案犯是十分了解并熟悉地形和内部情况的。

四、立案依据和侦查工作意见

根据以上情况,依照《中华人民共和国刑事诉讼法》第二百六十四条之规定,此案拟立为特大盗窃案侦查。并拟从以下几个方面开展侦查工作:

1. 立即印发协查通报,请各地公安机关和有关部门协查赃款下落。

2. 先从××公司开始,发动全体人员揭发作案人,并对有关人员进行排查,查找疑点和嫌疑人。

3. 在辖区内发动群众,派出专案组成员明察暗访,发现作案的蛛丝马迹;清查外来人口,控制外部有前科人员。

4. 抓紧进行技术鉴定。从现场提取的痕迹中发现可疑人,排除无可能作案人,缩小侦查范围,抓住重点。

妥否,请批示。

××市公安局刑警大队

(公章)

20××年××月××日

第三节　其他主要公安刑事法律文书

一、呈请拘留报告书

(一)概　念

公安机关为了对现行犯或重大嫌疑分子实行刑事拘留,采取限制人身自由的临时性强制措施,呈请县级以上公安机关负责人审批的书面材料,即为呈请拘留报告书。领导批准后即签发"拘留证"。

根据《中华人民共和国刑事诉讼法》第八十条之规定,对现行犯或者重大嫌疑分子,有下列七种情形之一的,可以先行拘留,即正在预备犯罪、实行犯罪或者在犯罪后即被发觉的;被害人或者在场亲眼看见的人指认他犯罪的;在身边或者住处发现有犯罪证据的;犯罪后企图自杀、逃跑或者在逃的;有毁灭、伪造证据或者串供可能的;不讲真实姓名、住址,身份不明的;有流窜作案、多次作案、结伙作案重大嫌疑的。

(二)格　式

呈请拘留报告书

×公(刑)拘字〔20××〕第×号

犯罪嫌疑人×××……[犯罪嫌疑人姓名(别名、曾用名、绰号等),性别,出生日期,出生地,身份证件种类及号码,民族,文化程度,职业或工作单位及职务,居住地(包括户籍所在地、经常居住地、暂住地),政治面貌(如是人大代表、政协委员,一并写明具体级、届代表、委员),违法犯罪经历以及因本案被采取强制措施的情况(时间、种类及执行场所)。案件有多名犯罪嫌疑人的,应逐一写明。]

犯罪嫌疑人涉嫌×××(罪名)一案,由×××举报(控告、移送)至我局。

经依法侦查查明:……

认定上述事实的证据如下:

综上所述,根据《中华人民共和国刑事诉讼法》第八十条之规定,特呈请对犯罪嫌疑人×××刑事拘留。

妥否,请批示。

　　　　　　　　　　　　　　　承办单位：
　　　　　　　　　　　　　　　承办人：(签署)
　　　　　　　　　　　　　　　　　　年　月　日
　　　　　　　　　　　　　　　　　　　(印章)

【实例】

呈请拘留报告书

×公刑拘字〔1994〕10 号

　　犯罪嫌疑人季×,男,现年 18 岁(1976 年 1 月 31 日出生),汉族,山东省××县人,身份证号码：×××××××××××××××××,农民,现住山东省××县××乡××村。

　　犯罪嫌疑人林××,男,现年 18 岁(1976 年 2 月 28 日出生),汉族,山东省××县人,身份证号码：×××××××××××××××××,农民,住山东省××县××乡××村。

　　拘留理由和依据：1994 年××月××日季×伙同林××由原籍窜来××市预谋抢钱。同日下午 6 时,季×、林××携带尼龙绳、自行车支撑等作案工具,以到××钢铁厂找亲戚为名乘坐××市出租汽车司机盛××(女、33 岁)的出租车。6 时 30 分当车行至××钢铁厂汽运公司客车队门口时,林××用自行车支撑从后面勒住司机的脖子,季×摁住司机双手,将司机勒昏,抢走现金 54 元。

　　综上所述,季×、林××的行为已触犯《中华人民共和国刑法》第一百五十条之规定,构成抢劫罪,应依法追究刑事责任。根据《中华人民共和国刑事诉讼法》第六十一条第一款之规定,特呈请将季×、林××予以拘留。

　　　　　　　　　　　　　　办案单位：××派出所
　　　　　　　　　　　　　　办案人：×××
　　　　　　　　　　　　　　1994 年××月××日
　　　　　　　　　　　　　　　　(印章)

　　附：证据材料××件。

二、提请批准逮捕书

(一)概　念

提请批准逮捕书指公安机关对有证据证明有犯罪事实,可能判处徒刑以上刑罚,有逮捕必要的犯罪嫌疑人、被告人,提请同级人民检察院批准逮捕的文书。

提请逮捕必须符合定义中的三个条件,也就是《中华人民共和国刑事诉讼法》第七十九条的规定:

　　第七十九条　对有证据证明有犯罪事实,可能判处徒刑以上刑罚的犯罪嫌疑人、被告人,采取取保候审尚不足以防止发生下列社会危险性的,应当予以逮捕:

　　(一)可能实施新的犯罪的;

　　(二)有危害国家安全、公共安全或者社会秩序的现实危险的;

　　(三)可能毁灭、伪造证据,干扰证人作证或者串供的;

　　(四)可能对被害人、举报人、控告人实施打击报复的;

　　(五)企图自杀或者逃跑的。

　　对有证据证明有犯罪事实,可能判处十年有期徒刑以上刑罚的,或者有证据证明有犯罪事实,可能判处徒刑以上刑罚,曾经故意犯罪或者身份不明的,应当予以逮捕。

　　被取保候审、监视居住的犯罪嫌疑人、被告人违反取保候审、监视居住规定,情节严重的,可以予以逮捕。

根据刑事诉讼法的规定,不能逮捕的情形有:证明犯罪事实的证据尚未查清;证明犯罪事实的证据已查清,构成犯罪,但不可能判处徒刑以上的刑罚(管制、拘役、罚金、没收财产等);证明犯罪事实的证据已经查清,可能判处徒刑以上刑罚,但无逃跑、自杀、继续犯罪的可能;应当逮捕的犯罪嫌疑人、被告人是正在怀孕、哺乳自己婴儿的妇女;应当逮捕的犯罪嫌疑人、被告人患有严重疾病。

对于不能逮捕的情形,同样应严格遵守法律,制作不予逮捕决定文书。

(二)格　式

×××公安局
提请批准逮捕书

×公(　)提捕字〔　〕××号

犯罪嫌疑人×××……[犯罪嫌疑人姓名(别名、曾用名、绰号等),性别,出

生日期,出生地,身份证件种类及号码,民族,文化程度,职业或工作单位及职
务,居住地(包括户籍所在地、经常居住地、暂住地),政治面貌(如是人大代表、
政协委员,一并写明具体级、届代表、委员),违法犯罪经历以及因本案被采取强
制措施的情况(时间、种类及执行场所)。案件有多名犯罪嫌疑人的,应逐一
写明。〕

　　辩护律师×××……

　　犯罪嫌疑人涉嫌×××(罪名)一案,由×××举报(控告、移送)至我局。

　　经依法侦查查明:……

　　认定上述事实的证据如下:

　　综上所述,犯罪嫌疑人×××(根据犯罪构成简要说明罪状),其行为已触
犯《中华人民共和国刑法》第×××条第××款,涉嫌×××罪,符合逮捕条件。
根据《中华人民共和国刑事诉讼法》第七十九条第一款、第八十五条之规定,特
提请批准逮捕。

　　此致
×××人民检察院

公安局(印)
年　月　日

　　附:案卷材料　　卷。

(三)实　例

××市公安局
提请批准逮捕书
×公提捕字〔19××〕18 号

　　犯罪嫌疑人边高×,男,1964 年 2 月 25 日生,汉族,河北省××县
人,系××市无缝钢管厂工人,身份证号码:×××××××
×××××××,现住××市体育学院内家属宿舍 5 楼 205 号。

　　该犯 1971 年至 1977 年在××市第三小学读书,1977 年 9 月至
1983 年 7 月在××市第 6 中学读书,1983 年高中毕业后到××市无
缝钢管厂工作,19××年 4 月 4 日因杀人罪被我局刑事拘留,羁押在

××市看守所。

经本局依法侦查查明，犯罪嫌疑人边高×有以下犯罪事实：

19××年3月15日下午4时许,犯罪嫌疑人边高×在本市和平区街道保姆劳务市场,将安徽省××县来本市谋生的女青年陈××骗至××体育学院36号平房内,欲对陈××奸淫。陈××不从,极力反抗,边高×恼羞成怒,当即抽出随身携带的自制尖刀,朝陈××的胸部猛捅数刀,当晚用塑料桶、背包、塑料袋将肢解的尸块及被害人的衣物分别弃于体育学院地下防空洞通风口、乒乓球馆下水道等处。随后,又将自己作案时穿的衣服、鞋子焚毁。被刑事拘留后犯罪嫌疑人边高×供认了自己的犯罪行为,并有犯罪嫌疑人作案用的尖刀、塑料桶、塑料袋、背包及被害人的衣物予以佐证。

上述事实证明,犯罪嫌疑人边高×的行为已触犯了《中华人民共和国刑法》第二百三十二条,涉嫌故意杀人罪。根据《中华人民共和国刑事诉讼法》第六十条第一款、第六十六条之规定,特提请批准逮捕。

此致

××市人民检察院

局长(章)

××公安局(印)

19××年4月9日

附:犯罪嫌疑人边高×侦查案卷二册共45页。

第四节　起诉意见书

一、概　念

起诉意见书指公安机关对案件侦查终结后,认为应当追究犯罪嫌疑人刑事责任,移请同级人民检察院审查,建议对犯罪嫌疑人提起公诉的法律文书。

起诉意见书是人民检察院审查案件的基础和依据。起诉意见书在刑事诉讼活动中具有重要作用。它是公安机关对属于其直接管辖的案件进行侦查,在侦查终结后,认为应当对犯罪嫌疑人提起公诉,依法追究刑事责任,特向人民检察院移送审查的法律文书。起诉意见书是人民检察院提起公诉和人民法院审理案件的重要依据,也是法律监督机关对侦查活动进行监督的依据。因此,起诉意见书的制作也体现了公安机关和人民检察院在刑事诉讼活动中分工负责、相互配合、相互制约的原则,以避免错案的发生。

二、相关法律联结

《中华人民共和国刑事诉讼法》规定:

第一百五十四条　对犯罪嫌疑人逮捕后的侦查羁押期限不得超过二个月。案情复杂、期限届满不能终结的案件,可以经上一级人民检察院批准延长一个月。

第一百五十五条　因为特殊原因,在较长时间内不宜交付审判的特别重大复杂的案件,由最高人民检察院报请全国人民代表大会常务委员会批准延期审理。

第一百五十六条　下列案件在本法第一百五十四条规定的期限届满不能侦查终结的,经省、自治区、直辖市人民检察院批准或者决定,可以延长二个月:

(一)交通十分不便的边远地区的重大复杂案件;

(二)重大的犯罪集团案件;

(三)流窜作案的重大复杂案件;

(四)犯罪涉及面广,取证困难的重大复杂案件。

第一百五十七条　对犯罪嫌疑人可能判处十年有期徒刑以上刑罚,依照本法第一百五十六条规定延长期限届满,仍不能侦查终结的,经省、自治区、直辖市人民检察院批准或者决定,可以再延长二个月。

第一百五十八条　在侦查期间,发现犯罪嫌疑人另有重要罪行的,自发现之日起依照本法第一百五十四条的规定重新计算侦查羁押期限。

犯罪嫌疑人不讲真实姓名、住址,身份不明的,应当对其身份进行调查,侦查羁押期限自查清其身份之日起计算,但是不得停止对其犯罪行为的侦查取证。对于犯罪事实清楚,证据确实、充分,确实无法查明其身份的,也可以按其自报的姓名起诉、审判。

第一百五十九条　在案件侦查终结前,辩护律师提出要求的,侦查机关应当听取辩护律师的意见,并记录在案。辩护律师提出书面意见的,应当附卷。

第一百六十条　公安机关侦查终结的案件,应当做到犯罪事实清楚,证据确实、充分,并且写出起诉意见书,连同案卷材料、证据一并移送同级人民检察院审查决定;同时将案件移送情况告知犯罪嫌疑人及其辩护律师。

三、格　式

××××公安局

起诉意见书

×公(　)诉字〔　〕　号

犯罪嫌疑人×××……,性别　,出生日期　　　　　　　　　　,出生地
　　,身份证号码:　　　　　　　　　　,民族　,文化程度　　　　　,
职业　　,居住地　　　　　　　　,政治面貌　　　　　。违法
犯罪经历以及因本案被采取强制措施的情况:

辩护律师×××……

犯罪嫌疑人涉嫌×××(罪名)一案,由×××举报(控告、移送)至我局(写
明案由和案件来源,具体为单位或者公民举报、控告、上级交办、有关部门移送
或工作中发现等)。我局于××××年××月立案,经过侦查,于××××年×
×月依法将犯罪嫌疑人×××抓获归案,现已侦查终结。

经依法侦查查明,……(详细叙述经侦查认定的犯罪事实,包括犯罪时间、
地点、经过、手段、目的、动机、危害后果等与定罪有关的事实要素。应当根据具
体案件情况,围绕刑法规定的该罪构成要件,进行叙述。)

综上所述,犯罪嫌疑人×××的行为已触犯了《中华人民共和国刑法》第
　　条第　　款,涉嫌　　罪。根据《中华人民共和国刑事诉讼法》第一百六
十条之规定,现将此案移送审查起诉。

　　此致

××人民检察院

(公安局印)

年　　月　　日

附:1. 本案卷宗　　卷　　页。

　　2. 随案移交物品　　件。

四、制作法律文书的思路和方法

(一)首　部

首部内容和制作方法与提请批准逮捕书基本相同,可参照制作。需要注意的有下列事项:

1. 文书式样中的发文字号为"×公(　　)　字〔　〕　号",实际填写时,"×"处填写制作法律文书的机关代字,如北京市填写"京";"(　)"处填写办案部门简称,如经济犯罪侦查部门制作的文书填写"经";"(　)"和"字"之间的部分为文书名称简称,起诉意见书应为"起"字,〔　〕中填发文年度,〔　〕后填发文顺序号。

2. 犯罪嫌疑人的基本情况有一点变化,即在起诉意见书中增加了"文化程度"一项。

3. 违法犯罪经历。对犯罪嫌疑人前科情况以及受到治安处罚的情况应尽量表述清楚、具体,如刑种、时间、机关;对于犯罪嫌疑人服刑期间逃跑后又犯罪的或者刑满释放后又犯罪的应当写明逃跑或释放的具体时间。对犯罪嫌疑人已经采取刑事强制措施的,要写明采取强制措施的时间、种类及执行场所。

如一案有数名犯罪嫌疑人,应按首犯、主犯、从犯、胁从犯的顺序分别说明。

4. 单位犯罪的,应当写明单位的名称、所在地址,法定代表人的姓名、性别和职务。

(二)正　文

由案件来源、犯罪事实以及提出起诉意见的理由和法律依据三部分组成。

1. 案件来源。这是一个简短的过渡性段落,要求写明案由和案件来源,通常对案件是否为单位或者公民举报、控告、上级交办、有关部门移送或工作中发现等情况进行说明。简要写明案件侦查过程中的各个法律程序开始的时间,如接受案件、立案的时间。具体写明犯罪嫌疑人归案情况。最后写明犯罪嫌疑人×××涉嫌×××案,现已侦查终结。

2. 犯罪事实。这一部分要求写明已经查清的全部犯罪事实。详细叙述经侦查认定的犯罪事实,包括犯罪时间、地点、经过、手段、目的、动机、危害后果等与定罪有关的事实要素。应当根据具体案件情况,围绕刑法规定的犯罪构成要件,进行叙述。对于只有一个犯罪嫌疑人的案件,犯罪嫌疑人实施多次犯罪的犯罪事实应逐一列举;同时触犯数个罪名的犯罪嫌疑人的犯罪事实应该按照主次顺序分别列举;对于共同犯罪的案件,写明犯罪嫌疑人的共同犯罪事实及各自在共同犯罪中的地位和作用后,按照犯罪嫌疑人的主次顺序,分别叙述各个犯罪嫌疑人的单独犯罪事实。

3. 理由和法律依据。这一段在格式中规定得相当明确,应写明犯罪嫌疑人触犯的刑法条款、构成的罪名,以及提出起诉意见的法律依据。

制作时注意:一是表述语序不能颠倒,先引实体法条款后引诉讼法;二是有关定罪的条款一定要准确、全面,尤其是一案数人的情况,既要引用其共同适用的条款,还要引用各自相应适用的条款,应清楚有条理,使每项事实与相应的律文紧密衔接、准确无误。有的案件在定罪的条款之外,还要引用有关犯罪情节所适用的条款,不仅要引用刑法、刑事诉讼法的有关条款,而且还要引用全国人大常委会对刑法、刑事诉讼法做出的补充规定的条款。

被害人在侦查期间提出附带民事诉讼,一定要在结论中阐明。

(三)尾　部

依次写明受文机关全称,局长署名盖印,制作日期,加盖局印和附项。

附项内容,主要写明本案预审卷宗多少册;附送本案赃物、证物情况。

五、评改实例

×× 市公安局
起诉意见书

×公(刑)诉起字〔2002〕9 号

肖××,男,1960 年 11 月 14 日生,汉族,××市人,初中文化,××市东敦区巩城镇东风村农民,住××市东敦区巩城镇东风村 2 组。

肖××自幼上学,1974 年因病退学后在家务农和在村办企业做工。19××年 1 月 3 日被××市公安局拘留,同年 1 月 5 日××市检察院以故意杀人罪和放火罪批准逮捕。

经本局侦查终结,证实肖××犯有下列罪行:

犯罪嫌疑人肖××在东风塑料厂做工期间,因不服从领导,于 19××年 10 月 25 日被单位开除。为此,肖××对该厂厂长李××怀恨在心,图谋报复。19××年 12 月 28 日凌晨 2 时许,肖××携带事先准备好的铁管、汽油(塑料桶装)、电炉子等作案工具,破窗进入李××家,窜至二楼,用铁管先将在西屋睡觉的李××及其妻闫××杀死,后窜到东屋将李××的儿子李×、儿媳张××、孙子李××杀死。肖××为了毁尸灭迹,破坏现场,把带去的汽油洒在被害人的尸体上,并将李××家中的液化气罐阀门打开,将电炉子接上电源放火。尔后肖×

×逃离现场。李××家二楼起火后，虽经消防队及时扑救，仍然烧毁李家财产价值人民币 3 万余元。

综上所述，肖××的行为触犯了《中华人民共和国刑法》第一百三十二条和一百零六条之规定，已构成故意杀人罪和放火罪，根据《中华人民共和国刑事诉讼法》第一百二十九条之规定，特将本案移送审查，依法起诉。

　　此致
××市人民检察院

　　　　　　　　　　　　　　　　　　××公安局（印）
　　　　　　　　　　　　　　　　　　2002 年 1 月 16 日

附项：
(1)本案预审卷宗一卷二册。
(2)被害人之父李××提请附带民事诉讼材料二件共 8 页。

第五章　检察法律文书

本章要点：检察法律文书的类别及制作规范。

第一节　概　述

一、概　念

检察法律文书是检察机关为实现法律监督职能所依法制作的具有法律效力或法律意义的文书总称。它是人民检察院依法履行职责，进行诉讼活动必不可少的法律工具，反映了人民检察院的工作程序和活动情况。

我国宪法和人民检察院组织法规定，检察机关是专门的法律监督机关。检察文书就是为实现和履行法律监督职能，对刑事、民事、行政诉讼实行检察监督的一种体现。

二、类　别

最高人民检察院一贯重视对检察法律文书的规范化和制度化建设，曾于2001年根据检察业务的需要，综合多年来的司法实践结果，重新制订了《人民检察院法律文书格式（样本）》。这次修订工程浩大，是全方位全覆盖的修订，包括刑事检察文书和民事、行政诉讼监督检察文书。对进一步提高办案质量、工作效率、保护当事人合法权益具有重要意义。刑事检察文书是当前检察文书的主体。民事、行政检察文书是人民检察院对民事、行政判决进行监督而成的，目前这部分文书主要是对生效民事、行政判决进行监督所制作的法律文书。

依照文书性质和作用，刑事检察文书可分成七类151种。

1. 立案类。该类有12种：立案决定书、不立案通知书、补充立案决定书等。

2. 侦查类。该类有81种：提押证、询问通知书、解剖尸体通知书、调取证据通知书、调取证据清单、搜查证、扣押物品清单、扣押邮件和电报通知书、停止扣押邮件电报通知书、查询个人储蓄存款通知书、停止支付储蓄存款通知书、解除停止支付储蓄存款通知书、侦查终结报告、拘传证、取保候审决定书、保证书、逮捕决定书、批准逮捕决定书、起诉意见书、不起诉意见书等。

3.公诉类。该类有 36 种:起诉书、撤回起诉决定书、不起诉决定书、撤销不起诉决定书、提请抗诉报告书、刑事抗诉书等。

4.执行类。该类有 5 种:停止执行死刑意见书、纠正不当假释裁定意见书等。

5.申诉类。该类有 4 种:刑事申诉审查结果通知书、纠正案件错误通知书等。

6.刑事赔偿类。该类有 10 种:刑事确认书、刑事赔偿立案决定书等。

7.其他类。该类有 3 种:复议决定书、复核决定书、纠正案件决定错误通知书等。

另外,还有通用类文书,如检察意见书、建议书、调卷函、送达回证。

以上诸文书从文书形式上看,有的是拟制式,有的属填充式或笔录式,其中拟制式的制作难度较大,既要叙述案情,又要分析论证,因此,本章重点介绍几种常用的拟制式文书。

第二节　主要检察法律文书

一、立案决定书

(一)概　念

立案决定书,指检察院按照管辖范围,认为有犯罪事实发生,需要追究犯罪嫌疑人的刑事责任,符合立案条件,决定对案件行使侦查权时所制作的文书。

根据刑事诉讼法第三十三条、第三十六条和第三十八条的规定,立案决定书作为审查起诉阶段以前最重要的检察文书之一,检察院应当提供给辩护人查阅、摘抄或者复制,以使辩护人了解犯罪嫌疑人涉嫌的罪名,了解人民检察院的侦查活动是否合法等,所以是公开性法律文书。具体表现为二联填充式。

(二)格　式

　　　　　　　　　　人民检察院
　　　　　　　　　立案决定书(存根)

　　　　　　　　　　　　　　检立〔　　〕　　号

案由＿＿＿＿＿＿＿＿＿＿＿＿　犯罪嫌疑人＿＿＿＿＿＿＿＿＿＿

性别_____年龄_____工作单位_____住址__
_____是否人大代表、政协委员_____
批准人_____
承办人_____
填发人_____
填发时间_____

人民检察院
立案决定书

检立〔　〕　号

　　根据《中华人民共和国刑事诉讼法》第_____条的规定,本院决定对犯罪嫌疑人_____涉嫌_____一案立案侦查。

检察长

（印）

年　月　日

（院印）

(三)内容和制作方法

　　立案决定书为填充式检察文书,共两联,其中第一联为存根,第二联附卷。

　　1. 正本。是决定立案侦查时制作的文书,具有启动侦查程序的作用。由首部、正文、尾部三部分组成。

　　首部,依次由标题、编号组成。

　　(1)标题。居文书正中分两行写明制作文书的检察院的全称和文书名称。

　　(2)文书编号。依顺序写明检察机关代字(院名代字和部门代字)、文书简称、年度、顺序号。其中文书简称固定为"立"。例如,×检反贪立〔2003〕6号。

　　正文的内容按照固定格式填写,即:根据《中华人民共和国刑事诉讼法》第_____条的规定,本院决定对(填写犯罪嫌疑人或单位的名称)涉嫌(罪名)一案立案侦查。

　　其中对于人民检察院自行发现或者公安机关等其他机关移送的案件,空白处填写"一百零七条";对于公民或单位报案、控告、举报或犯罪嫌疑人自首的案件,空白处填写"一百零八条"。

尾部。填写制作文书时间及加盖制作立案决定的人民检察院检察长印、院印。

2. 存根。按照固定格式依次填写制作机关名称、文书名称、文书文号、案由、犯罪嫌疑人基本情况(姓名、性别、年龄、工作单位、住址、是否人大代表或政协委员)、批准人、承办人、填发人、填发时间等。

二、不起诉决定书

(一)概　念

不起诉决定书是人民检察院对于公安机关侦查终结后移送审查的案件进行审查后,发现犯罪嫌疑人没有犯罪事实,或者符合刑事诉讼法第十五条规定的情形之一的,不需要追究刑事责任的,经检察长或者检察委员会决定不起诉而制作的检察法律文书。

《人民检察院刑事诉讼规则》第四百零一条第一款规定,人民检察院对于公安机关移送审查起诉的案件,发现犯罪嫌疑人没有犯罪事实,或者符合刑事诉讼法第十五条规定的情形之一的,经检察长或者检察委员会决定,应当做出不起诉决定。根据这一规定,人民检察院对于公安机关移送审查起诉的案件进行审查后,没有发现犯罪嫌疑人罪行,或者依照刑事诉讼法第十五条规定,属于下列情形之一的:(1)情节显著轻微、危害不大,不认为是犯罪的;(2)犯罪已过追诉时效期限的;(3)经特赦令免除刑罚的;(4)依照刑法告诉才处理的犯罪,没有告诉或者撤回告诉的;(5)犯罪嫌疑人、被告人死亡的;(6)其他法律规定免予追究刑事责任的;或者因为证据不足,经人民检察院退回公安机关补充侦查后仍然证据不足,不符合起诉条件的,经检察长或者检察委员会决定,应当做出不起诉决定。对于检察院自侦案件,《人民检察院刑事诉讼规则》第四百零二条规定,公诉部门对于本院侦查部门移送审查起诉的案件,发现具有本规则第四百零一条第一款规定情形的,应当退回本院侦查部门,建议做出撤销案件的处理。

对于不起诉决定书,由人民检察院公开宣布。公开宣布不起诉决定的活动应当记录在案。不起诉决定书应当送达被害人或者其近亲属及其诉讼代理人、被不起诉人及其辩护人以及被不起诉人的所在单位。送达时,应当告知被害人或者其近亲属及其诉讼代理人,如果对不起诉决定不服,可以自收到不起诉决定书后七日以内向上一级人民检察院申诉,也可以不经申诉,直接向人民法院起诉;告知被不起诉人,如果对不起诉决定不服,可以自收到不起诉决定书后七日以内向人民检察院申诉。不起诉决定书同时还应送达侦查案件的公安机关,公安机关认为不起诉决定有错误,可以提出复议。

（二）实例评改

江苏省新沂市人民检察院
不起诉决定书

新检诉刑不诉〔2016〕5 号

被不起诉人何某某，男，1970 年××月××日生，身份证号码
3213211970××××××××，汉族，高中文化，无业，住宿迁市宿豫
区××小区××栋××号。被不起诉人何某某因涉嫌职务侵占罪，于
2014 年 8 月 26 日被新沂市公安局刑事拘留，同年 9 月 2 日被该局取
保候审，2015 年 10 月 16 日经本院决定取保候审，当日由该局执行取
保候审。

本案由新沂市公安局侦查终结，以被不起诉人何某某涉嫌职务侵
占罪，于 2015 年 10 月 15 日向本院移送审查起诉。本院受理后于
2015 年 10 月 16 日已告知被不起诉人何某某有权委托辩护人，依法讯
问了被不起诉人何某某，审查了全部案件材料。因该案事实不清、证
据不足，本院分别于 2015 年 11 月 30 日、2016 年 2 月 14 日退回新沂
市公安局补充侦查，新沂市公安局于 2015 年 12 月 30 日、2016 年 3 月
14 日重新报送本院审查起诉。因本案案情复杂，本院分别于 2015 年
11 月 14 日、2016 年 1 月 29 日、2016 年 4 月 14 日延长审查起诉期限
半个月。

新沂市公安局移送审查起诉认定：

2012 年 4 月 9 日，江苏省××园林建设有限公司在泗阳县园林绿
化管理处中标，中标工程：泗阳县百万宿根花卉垂直绿化等项目工程，
中标价为人民币 304.39 万元，项目负责人：赵某某，具体施工管理人：
何某某。2012 年 10 月 8 日，泗阳县园林处按照合同约定汇入××园
林工程款人民币 152 万元，2013 年 9 月 29 日被不起诉人何某某将泗
阳工程款人民币 91.32 万元背书转入其个人账户使用，被不起诉人何
某某归案后称：其转入个人账户的人民币 91.32 万元工程款，是××
园林建设有限公司合作方赵某某还其借款，被不起诉人何某某与赵某
某之间有人民币 86.03 万元借据。

经本院审查并退回补充侦查，本院仍然认为新沂市公安局认定的
犯罪事实不清、证据不足。××市政园林有限公司与江苏省××园林
建设有限公司之间的关系尚未查清，不符合起诉条件。依照《中华人

民共和国刑事诉讼法》第一百七十一条第四款的规定,决定对何某某不起诉。

被不起诉人如不服本决定,可以自收到本决定书后七日以内向本院申诉。

被害人如不服本决定,可以自收到本决定书后七日以内向徐州市人民检察院申诉,请求提起公诉;也可以不经申诉,直接向新沂市人民法院提起自诉。

2016 年 4 月 28 日

第三节　起诉书

一、概　念

起诉书,指检察院确认犯罪嫌疑人的行为已构成犯罪,事实清楚,证据确实、充分,为了追究其刑事责任,依法向法院提起公诉时所制作的文书,也称公诉书。

根据刑事诉讼法第一百六十七条、第一百六十八条、第一百七十二条的规定,凡需要提起公诉的案件,一律由检察院审查决定。检察院对公安机关侦查终结移送起诉的案件,以及对本院直接受理侦查终结的案件进行审查后,认为被告人的犯罪事实已查清,证据确实、充分,依法应当追究刑事责任的,应当做出起诉决定,制作起诉书,连同案卷和被告人提交同级人民法院审判。

二、相关法律联结

《中华人民共和国刑事诉讼法》规定:

第一百六十七条　凡需要提起公诉的案件,一律由人民检察院审查决定。

第一百六十八条　人民检察院审查案件的时候,必须查明:

(一)犯罪事实、情节是否清楚,证据是否确实、充分,犯罪性质和罪名的认定是否正确;

(二)有无遗漏罪行和其他应当追究刑事责任的人;

(三)是否属于不应追究刑事责任的;

（四）有无附带民事诉讼；

（五）侦查活动是否合法。

第一百六十九条　人民检察院对于公安机关移送起诉的案件，应当在一个月以内作出决定，重大、复杂的案件，可以延长半个月。

人民检察院审查起诉的案件，改变管辖的，从改变后的人民检察院收到案件之日起计算审查起诉期限。

第一百七十条　人民检察院审查案件，应当讯问犯罪嫌疑人，听取辩护人、被害人及其诉讼代理人的意见，并记录在案。辩护人、被害人及其诉讼代理人提出书面意见的，应当附卷。

第一百七十一条　人民检察院审查案件，可以要求公安机关提供法庭审判所必需的证据材料；认为可能存在本法第五十四条规定的以非法方法收集证据情形的，可以要求其对证据收集的合法性作出说明。

人民检察院审查案件，对于需要补充侦查的，可以退回公安机关补充侦查，也可以自行侦查。

对于补充侦查的案件，应当在一个月以内补充侦查完毕。补充侦查以二次为限。补充侦查完毕移送人民检察院后，人民检察院重新计算审查起诉期限。

对于二次补充侦查的案件，人民检察院仍然认为证据不足，不符合起诉条件的，应当作出不起诉的决定。

第一百七十二条　人民检察院认为犯罪嫌疑人的犯罪事实已经查清，证据确实、充分，依法应当追究刑事责任的，应当作出起诉决定，按照审判管辖的规定，向人民法院提起公诉，并将案卷材料、证据移送人民法院。

三、格　式

（一）起诉书格式（样本）一：普通程序案件适用

××××人民检察院
起诉书

检　　刑诉〔　　〕　　号

被告人×××（写明姓名、性别、出生年月日、身份证号码、民族、文化程度、职业或者工作单位和职务、住址、曾受到行政处罚或刑事处罚的情况和因本案被采取的强制措施情况等。)

本案由×××(侦查机关)侦查终结,以被告人×××涉嫌×××罪,于×××年××月××日向本院移送审查起诉。本院受理后,于×××年××月××日已告知被告人有权委托辩护人,×××年××月××日已告知被害人及其法定代理人(或者近亲属)、附带民事诉讼的当事人及其法定代理人有权委托诉讼代理人,依法讯问了被告人,听取了被害人的诉讼代理人×××和被告人的辩护人×××的意见,审查了全部案件材料……(写明退回补充侦查、延期审查起诉期限等情况。)

[对于侦查机关移送审查起诉的需要变更管辖权的案件,表述为:"本案由×××(侦查机关)侦查终结,以被告人×××涉嫌×××罪,于×××年××月××日向本院移送审查起诉。×××人民检察院于×××年××月××日转至本院审查起诉。本院受理后,于×××年××月××日已告知被告人有权……"

对于本院侦查终结并审查起诉的案件,表述为:"被告人×××涉嫌×××罪一案,由本院侦查终结。本院于×××年××月××日已告知被告人有权……"

对于其他人民检察院侦查终结的需要变更管辖权的案件,表述为:"本案由×××人民检察院侦查终结,以被告人×××涉嫌×××罪,于×××年××月××日向本院移送审查起诉。本院受理后,于×××年××月××日已告知被告人有权……"]

经依法审查查明:……(写明经检察机关审查认定的犯罪事实,包括犯罪时间、地点、经过、手段、目的、动机、危害后果等与定罪有关的事实要素。应当根据具体案件情况,围绕刑法规定的该罪构成要件叙写。)

(对于只有一个犯罪嫌疑人的案件,犯罪嫌疑人实施多次的犯罪事实应逐一列举;同时触犯数个罪名的犯罪嫌疑人的犯罪事实应该按照主次顺序分类列举。对于共同犯罪的案件,写明犯罪嫌疑人的共同犯罪事实及各自在共同犯罪的地位和作用后,按照犯罪嫌疑人的主次顺序,分别叙明各个犯罪嫌疑人的单独犯罪事实。)

认定上述事实的证据如下:

(针对上述犯罪事实,分列相关证据)

本院认为,……(概括论述被告人行为的性质、危害程度、情节轻重)其行为触犯了《中华人民共和国刑法》第×条(引用罪状、法定刑条款），犯罪事实清楚，证据确实充分，应当以×××罪追究其刑事责任。根据《中华人民共和国刑事诉讼法》第一百七十二条的规定，提起公诉，请依法判处。

　　　　此致
×××人民法院

　　　　　　　　　　　　　　检察长（员）
　　　　　　　　　　　　　　　　年　月　日
　　　　　　　　　　　　　　　　（院印）

附项：

　　1. 被告人现在处所，具体包括在押被告人的羁押场所和监视居住、取保候审的处所。

　　2. 证据目录、证人名单和主要证据复印件，并注明数量。

　　3. 有关涉案款物情况。

　　4. 被害人（单位）附带民事诉讼的情况。

　　5. 其他需要附注的事项。

（二）起诉书格式（样本）二：单位犯罪案件适用

××××人民检察院
起诉书

　　　　　　　　检　刑诉〔　〕　号

　　被告单位_____（写明单位名称、住所地、法定代表人姓名、职务等）

　　诉讼代表人_____（写明姓名、性别、年龄、工作单位、职务）

　　被告人_____（写明直接负责的主管人员、其他直接责任人员的姓名、性别、出生年月日、身份证号码、民族、文化程度、职业或者工作单位和职务、住址、曾受到行政处罚或刑事处罚的情况和因本案被采取的强制措施情况等。）

　　本案由×××（侦查机关）侦查终结，以被告单位×××涉嫌×××罪，被告人×××涉嫌×××罪，于××××年××月××日向本院移送审查起诉。本院受理后，于××××年××月××日已告知被告单位和被告人有权委托辩护人，××××年××月××日已告知被害人及其法定代理人（或者近亲属）（被害单位及其诉讼代表人）、附带民事诉讼的当事人及其法定代理人有权委托诉讼代理人，依法讯问了被告人,听取了被害人的诉讼代理人×××和被告人的辩护人×××的意见,审查了全部案件材料……(写明退回补充侦查、延期审查起诉期限等情况。)

[对于侦查机关移送审查起诉的需要变更管辖权的案件,表述为:"本案由×××(侦查机关)侦查终结,以被告单位×××涉嫌×××罪,被告人×××涉嫌×××罪,于××××年××月××日向本院移送审查起诉。×××人民检察院于××××年××月××日转至本院审查起诉。本院受理后,于××××年××月××日已告知被告人有权……"

对于本院侦查终结并审查起诉的案件,表述为:"被告单位×××涉嫌×××罪,被告人×××涉嫌×××罪一案,由本院侦查终结。本院于××××年××月××日已告知被告人有权……"

对于其他人民检察院侦查终结的需要变更管辖权的案件,表述为:"本案由×××人民检察院侦查终结,以被告单位×××涉嫌××又罪,被告人×××涉嫌×××罪,于××××年××月××日向本院移送审查起诉。本院受理后,于××××年××月××日已告知被告人有权……"]

经依法审查查明:……(写明经检察机关审查认定的犯罪事实,包括犯罪时间、地点、经过、手段、目的、动机、危害后果等与定罪有关的事实要素。应当根据具体案件情况,围绕刑法规定的该罪构成要件叙写。)

认定上述事实的证据如下:

(针对上述犯罪事实,分列相关证据)

本院认为,……(概括论述被告单位、被告人行为的性质、危害程度、情节轻重)其行为触犯了《中华人民共和国刑法》第×条(引用罪状、法定刑条款),犯罪事实清楚,证据确实充分,应当以×××罪追究其刑事责任。根据《中华人民共和国刑事诉讼法》第一百四十一条的规定,提起公诉,请依法判处。

　　　此致
×××人民法院

　　　　　　　　　　　　　　　检察长(员)

　　　　　　　　　　　　　　　　年　月　日
　　　　　　　　　　　　　　　　(院印)

附项:

　　1. 被告人现在处所,具体包括在押被告人的羁押场所和监视居住、取保候审的处所。

　　2. 证据目录、证人名单和主要证据复印件,并注明数量。

　　3. 有关涉案款物情况。

　　4. 被害人(单位)附带民事诉讼的情况。

　　5. 其他需要附注的事项。

四、内容和制作方法

(一)首　部

1. 标　题

在文书顶端正中分两行书写检察机关名称和文书种类。

2. 编　号

在标题右下方写上:"×检×诉字〔年度〕×号"

3. 被告人基本情况

被告人姓名(包括化名、别名),性别,出生年月日,出生地,身份证号码,民族,文化程度,职业或工作单位及职务(若为国家工作人员利用职务实施犯罪的,应当写明犯罪期间在何单位任何职务),住址,是否受过刑事处罚,拘留年月日,逮捕年月日,在押被告人的羁押处所。

若为共同犯罪,应按作案中的主次地位依次写明。如系外国人,应注明其国籍。如果是单位犯罪,应写明犯罪单位的名称、所在地址、法定代表人或代表的姓名、职务;直接负责的主管人员或其他直接负责人员的基本情况。

在书写被告人基本情况时,应注意以下几点:

(1)被告人的姓名。应当写清被告人正在使用的正式姓名,即户口簿、身份证等法定文件中使用的姓名。如有曾用名或与案件有关的化名、笔名、绰号等要用括号注明。如果是聋哑人或盲人,要在姓名后用括号加以注明。对于符合起诉条件但不讲真实姓名、住址、身份不明的被告人,根据刑法第一百二十八条规定,可以按其自报的姓名向法院起诉。

(2)年龄。应写公历出生年月日。具体出生日期查不清楚的,在制作起诉书时应以公历计算的周岁写明被告人的年龄。但是,如果涉及已满14周岁不满18周岁的被告人刑事责任问题时,必须写明被告人准确的出生年月日。

(3)出生地。起诉书写被告人出生地时,如果是本省人可直接写市、县名,外省的需要写省或自治区、直辖市名称;被告人是外国人时,应当写明其所属国籍。

(4)身份证号码。应准确写出被告人身份中的号码数,以作为确认其身份的依据。

(5)民族。应写全称,如汉族、维吾尔族等。

(6)文化程度。主要写明所受过的正规教育的程度。未受过正规教育而又达到一定文化程度的,可写"相当"于什么程度。不识字的写"文盲"。

(7)职业或工作单位、职务。应写明被采取强制措施前所在的工作单位名称及职务;从事农业生产者写"务农";从事个体经营的写"从事个体经营";城镇无职业者,写"无业"。

(8)住址。一般情况下应写户籍所在地。户籍所在地与经常居住地不一致的,写经常居住地;对流窜犯等户籍所在地或经常居住地不明的,写其暂住地。

(9)是否受过刑事处罚。主要写明被告人在何时因何罪被判何种刑罚等情况。有关定罪量刑需要参考的一些情况,也要逐一写明。如曾采取的强制措施名称及逃跑时间;劳教的原因和时间;劳教解除或逃跑时间;劳改释放或逃跑的时间;认定为惯窃、惯骗等罪的,还需将被告人以前的同类违法行为所受到的处理(如拘留、劳教)等情况,按时间顺序写明。

(10)因本案对被告人采取的强制措施。应分别写明因本次犯罪被批准或执行强制措施的时间、案由、机关、强制措施名称。先后采取两种以上不同强制措施的,要依照时间顺序一一写明。

对共同犯罪的多名被告人一并提起公诉的,起诉书的"被告人身份等基本情况",应当按主犯、从犯、胁从犯的顺序,依次逐人分段写明。关于"采取的强制措施"一项,如果几名被告人是在同一时间被同一机关批准或决定采取同一种措施的,可以用归纳法,在各被告人基本情况写完以后,另用一自然段,综合写明各被告人被采取强制措施的时间、决定或执行机关、强制措施名称等。

4. 辩护人基本情况

(1)辩护人的姓名。如果是聘律师担任辩护人,辩护人的姓名、其居民身份证和律师执业证书的姓名应三者一致。如果是亲属或同事等担任辩护人,其姓名也要写准确。

(2)辩护人所在单位。应写明辩护人执业的律师事务所。如系律师以外的人担任辩护人的,也应写明其所在单位的名称。

(3)辩护人的通信地址。应写清能够与辩护人及时联系的具体地址。如果一个被告人委托两名辩护人的,可以根据被告人委托时指定的顺序或辩护人之间约定的顺序或者辩护人接受委托的时间顺序来写辩护人的基本情况。

5. 案由和案件来源

根据《中华人民共和国刑事诉讼法》的规定和司法实践中的具体情况,涉及这部分内容的大体有以下三种情况。

（1）公安机关侦查终结后移送的案件，写明姓名、案由、案件来源，如"被告人×××……一案，于××××年××月××日移送我院审查起诉，经本院审查查明……"。

（2）如果是本院侦查终结的案件，写明姓名、案由、案件来源，如"被告人×××……一案，于××××年××月××日由本院侦查终结，查明其犯罪事实如下：……"。

（3）如果是上级人民检察院移交起诉的或者因审判管辖变更由同级法院移送起诉的，写明姓名、案由、案件来源，如"被告人×××……一案，由×××公安局侦查终结，于××××年××月××日移送×××人民检察院审查，该院根据《中华人民共和国刑事诉讼法》第二十条之规定，于××××年××月××日报送本院审查起诉。经本院审查查明：……"。

（二）正　文

这是起诉的重点部分，包括犯罪事实和证据、起诉理由和法律依据两大项目。

1. 犯罪事实和证据

犯罪事实和证据是阐明起诉理由和适用法律的基础，所以是起诉书的核心部分。犯罪事实必须是经过检察机关查证核实的犯罪事实，犯罪证据必须是证实犯罪行为确系该被告人所为的主要证据。

（1）犯罪事实部分。

在写作中应注意以下几点：

①详略得当。主罪要详写，次罪可采用归纳法概括地写。每一种、每一次犯罪的基本事实都必须清楚。

②按照犯罪的时间、地点、手段、动机、目的、情节、后果七要素，以犯罪构成要件为轴心，重点突出、层次分明地将行为人实施犯罪的具体过程叙述出来。

③查无实证或证据不足、不足以认定的案件事实以及与犯罪事实无关的非犯罪事实不能写到起诉书中。

④注意保守国家秘密，注意社会影响，不能写有伤风化的污秽情节，注意保护被害人的名誉权。涉及强奸等案件的被害人姓名只可写姓氏。

⑤为保证犯罪事实叙述的重点突出，层次清楚，可以根据案件的具体情况，选用适当的叙述方法。

第一，自然顺序法。即按时间及被告人作案为顺序，从行为起因、作案的准备、实施犯罪的情节、采取的手段、造成的后果等顺序来写。这种写法适用于一人一次一罪、一人一次多罪及连续作案的案件。

第二,综合归纳法。即把被告人所犯多次同种罪行加以概括归纳,用简洁精炼的文字加以叙述。这种方法适用于一人多次一罪,作案情节大体相同的案件,但要注意与其他方法结合使用较为适当。

第三,突出主犯法。以主犯的活动安排层次,围绕主犯的活动具体记叙。如果共同犯罪之外,被告人还有单独犯罪的,记叙时先记叙"共同犯罪"的事实,后记叙"单独犯罪"的事实。这种方法适用于共同犯罪的案件,如多人一次一罪、多人一次多罪、多人多次多罪以及多人多次一罪。

第四,突出主罪法。即根据被告人所犯数罪的主次轻重不同,把情节恶劣、危害较重的罪行放在前面详叙,把情节轻、危害较小的罪行放在后面酌情略写。这种方法适用于一人多次多罪和多人多次多罪的案件。

第五,先总后分法。即先将多名被告人所犯的一种或多种共同犯罪的罪行事实总括叙述,然后再按主犯、从犯的顺序,逐次分别叙述每一被告人各自所犯的罪行。这种方法适用于较大集团犯罪案件。在概括叙述集团犯罪事实时,应先写明集团的形成过程、组织状况、活动情况及总的罪行,然后根据案情分别采用以上写法安排层次。

第六,罪名标题法。即根据罪名的不同,加上序号,列出标题,按突出主罪法,逐罪分段叙述被告人所实施的犯罪事实。这种写法适用于一人多次多罪、多人多次多罪的案件。

以上几种写作方法既可以独立使用也可以互相渗透配合使用。

(2)犯罪证据部分。

证据的写法大体有两种:

①案件比较简单的(即指一犯一次作案或一犯一次连续作案)可以先叙写犯罪事实,然后集中一段写证据。

②案件比较复杂的(即指一犯作案数次或数十次,或数犯共同作案一次或多次)可边叙述犯罪事实边写证据。

犯罪证据的写作比较复杂,若只是按照新样本的模式表述,如"上述犯罪事实清楚,证据确实、充分,足以认定"的叙写方法,容易导致证据写作的公式化倾向。检察机关的起诉书长期存在证据写作空洞、笼统的弊端,因而很难证实被告人的犯罪事实成立,这是法律文书写作中需要改进的一个方面。

证据的写作,要注意证据的真实性、连锁性及其相关性。在收集和使用证据时,既要注意收集直接证据,又要注意收集间接证据,既要收集耳闻证据,更要收集目睹证据。

另外,引述犯罪证据要结合案情的特点加以叙述,做到完整、具体,令人感到确凿无误。

2. 起诉理由和法律依据

(1)提起公诉的理由。

这是起诉书中的又一重点内容,也是起诉书正文的结论。要求在总结被告人犯罪事实的基础上,明确罪行的性质、特点、主观恶性程度、危害后果及认定被告人的从轻、从重或减轻、加重处罚的情节。写作时应注意以下几点:

①对于共同犯罪的案件,首先要写清对全案的结论性意见。对集体犯罪,要指明集团的特征,然后,按照主犯、从犯的顺序依次概括写明罪状等。

②对被告人犯罪事实应高度概括,有针对性地评价被告人行为的性质、情节。如被告人主观方面是故意还是过失,如是故意,其主观方面的恶性程度、被告人犯罪行为的恶劣情况、手段使用、对社会的危害性及造成后果的严重程度等,均应具体表述。

(2)起诉的法律依据。

写明法律依据,明确罪名并引用触犯的刑法条款,即说明根据"起诉理由"证实被告人的行为触犯了《中华人民共和国刑法》第××条第×款,构成××罪。如果行为人有数罪,应按一定的顺序逐罪引用法律条文。在确定罪名之后,要将被告人具有的从重、从轻、减轻及免除处罚等情节也分别列出并引用相应的法律条文,以表明检察机关对追究被告人刑事责任的态度,然后写明对被告人提起公诉的必要性和法律依据,即"依据《中华人民共和国刑事诉讼法》第一百四十一条之规定",写明提起公诉的决定,即"特提起公诉,请依法判处"。

如果被告人的犯罪行为给国家或者集体财产造成严重损失,需提起附带民事诉讼的,要在这部分内容之后,另起一段写明被告人的犯罪行为给被害人(或单位)造成财产损失的情况,依照刑法第三十六条和刑事诉讼法第七十七条规定,"特提起附带民事诉讼,请一并审判"。

(三)尾　部

包括以下内容:

(1)致接受文书的人民法院的全称。

(2)承办人(检察长、检察员、代理检察员)署名。

(3)文书的制作时间,年月日要齐全。

(4)人民检察院院印。

(5)附项。

①被告人羁押、监视居住或取保候审的处所。

②案卷材料×卷×册。

③赃品、赃款、物证清单。

④被害人(或家属)提出的附带民事诉讼状×份(如前述,由检察机关提出附带民事诉讼的在正文的理由部分之后另起一段写明有关事项)。

⑤被害人(或其法定代理人)提起附带民事诉讼之诉状等。

五、实例评改

××市人民检察院
起诉书

×检刑诉字〔19××〕第 8 号

被告人张××,男,20 岁,××省××县××镇××村人,汉族,高中文化程度,××市无线电六厂工人,现住××市××区无线电六厂宿舍。1993 年 7 月因打架曾被行政拘留 15 天。故意杀人(未遂)罪,1998 年 7 月 21 日被××分局拘留。同年 7 月 23 日经××市人民检察院批准逮捕。

被告人张××故意杀人(未遂)一案,经××市公安局侦查终结,移送我院审查起诉。经审查证实:

被告人张××于 1998 年初与被害人赵××(女,19 岁,××市××路副食店营业员)相识并确立了恋爱关系。1998 年 5 月,被害人赵××以张××曾被拘留过为由提出终止恋爱关系后,张××仍纠缠不休,遭赵××拒绝后,张××对此怀恨在心,蓄谋杀人报复。1998 年 6 月,被告人张××从本市××商店购得刀一把(长 9.2 厘米,宽 2.5 厘米)随身携带,多次到被害人单位门口堵截。1998 年 7 月 19 日晚 7 时许,被告人张××携带凶器再次到被害人单位堵截赵××。晚 8 时 30 分,赵××下班骑车回家时,张××尾随其后,伺机行凶。当赵××行至××路口时,被告人张××用自行车将赵××撞倒后,从裤子口袋内掏出刀子,朝赵的腹部猛捅一刀,继而又朝赵的胸部、腹部连捅四刀后逃跑。

赵××被人送至医院经抢救脱险,经医院诊断证明:①赵右前胸2.5 厘米横形伤口并刺破右肺上叶、中叶心包及右心房,心脏伤口约 1厘米:手术后见有活动性出血,胸内出血 1200 毫升;②赵右上腹 2.5厘米伤口,刺破胸壁,腹部内脏未见损伤;③胸骨下部有两处 1 厘米伤口,均未穿透胸壁;④赵右肩部刀刺伤一处,长约 2.5 厘米。

上述犯罪事实有被害人陈述、证人证言、现场勘验报告、医院诊断证明、鉴定结论等证明,事实清楚,证据确实充分,足以认定。

　　本院认为:被告人张××恋爱不成,竟蓄意行凶报复,手段恶劣,情节严重,其行为已触犯了《中华人民共和国刑法》第二百三十二条、二十三条之规定,依法应予严惩。为了维护社会治安秩序,保护公民的人身权利,特向你院提起公诉,请依法惩处。

　　　　此致
××区人民法院

　　　　　　　　　　　　　　　　代理检察员:高××
　　　　　　　　　　　　　　　　　　　　　　孙××
　　　　　　　　　　　　　　　一九九八年十二月三日
　　　　　　　　　　　　　　　　　　（院印）

　　附注:
　　(1)被告人张××现羁押于××公安局看守所。
　　(2)证人名单一份。
　　(3)主要证据复印件15份。
　　(4)照片8张。

第四节　抗诉书

一、概　念

　　抗诉书指检察院依法行使审判监督的职能,对法院确有错误的刑事、民事、行政诉讼判决或裁定提出抗诉时所制作的文书。

　　依案件性质,抗诉书可分为刑事抗诉书、民事抗诉书和行政抗诉书。本节主要介绍刑事抗诉书。

　　抗诉分两种程序提出,一种是按上诉程序提起的,另一种是按审判监督程序提起的。

二、相关法律联结

　　根据《中华人民共和国刑事诉讼法》第二百四十一条和第二百四十三条第三款的规定,地方各级人民检察院认为本级人民法院第一审的判决、裁定确有错误的时候,应当向上一级人民法院提出抗诉;最高人民检察院对各级人民法院已经发生法律效力的判决和裁定,上级人民检察院对下级人民法院已经发生法律效力的判决和裁定,如果发现确有错误,有权按照审判监督程序向同级人民法院提出抗诉。

第二百四十一条　当事人及其法定代理人、近亲属,对已经发生法律效力的判决、裁定,可以向人民法院或者人民检察院提出申诉,但是不能停止判决、裁定的执行。

第二百四十三条　各级人民法院院长对本院已经发生法律效力的判决和裁定,如果发现在认定事实上或者在适用法律上确有错误,必须提交审判委员会处理。

最高人民法院对各级人民法院已经发生法律效力的判决和裁定,上级人民法院对下级人民法院已经发生法律效力的判决和裁定,如果发现确有错误,有权提审或者指令下级人民法院再审。

最高人民检察院对各级人民法院已经发生法律效力的判决和裁定,上级人民检察院对下级人民法院已经发生法律效力的判决和裁定,如果发现确有错误,有权按照审判监督程序向同级人民法院提出抗诉。

人民检察院抗诉的案件,接受抗诉的人民法院应当组成合议庭重新审理,对于原判决事实不清楚或者证据不足的,可以指令下级人民法院再审。

第二百四十五条　人民法院按照审判监督程序重新审判的案件,由原审人民法院审理的,应当另行组成合议庭进行。如果原来是第一审案件,应当依照第一审程序进行审判,所作的判决、裁定,可以上诉、抗诉;如果原来是第二审案件,或者是上级人民法院提审的案件,应当依照第二审程序进行审判,所作的判决、裁定,是终审的判决、裁定。

人民法院开庭审理的再审案件,同级人民检察院应当派员出席法庭。

三、内容和制作方法

(一)首　部

首部包括制作文书的人民检察院的名称、文书名称及文号。写明所在省(自治区、直辖市)的名称,不能只写地区级市、县、区院名;如果是涉外案件,要冠以"中华人民共和国"字样。分两行写出检察院全称和文书名称"抗诉书"。其中文书代字为"抗",如"鲁检刑抗字〔1996〕1号"。

(二)正　文

正文主要包括以下内容：

1. 被告人的基本情况。包括刑满释放或者假释的具体日期等。

2. 原判决、裁定情况。如果侦查、起诉、审判阶段没有超时限等程序违法现象时，不必写明公安、检察与法院的办案经过，只简要写明法院判决、裁定的结果。其中，检察院和法院对案件性质认定有分歧的应当写明。

审判监督程序适用的刑事抗诉书，如果是一审生效判决或裁定，不仅要写明第一审法院判决(裁定)的主要内容，还要写明一审判决或裁定的生效时间。如果是二审终审的判决或裁定，应该分别写明一审和二审判决或裁定的主要内容，此外，还应该写明提起审判监督程序抗诉的原因。

3. 审查意见(包括事实认定)。这一部分的内容是检察机关对原判决(裁定)的审查意见，目的是明确指出原判决(裁定)的错误所在，告知二审法院，检察院抗诉的重点是什么。这部分要观点鲜明，简明扼要。对于案件具有被害人及其法定代理人请求检察机关抗诉情况的，也要写明。

其中事实认定与证据，对于原审判决、裁定中认定的事实或新发现的事实、证据，应该做比较详细的介绍，为下文有针对性的论析铺设过渡桥梁。

审判监督程序的抗诉书在写该部分内容时有两种情况：第一，认为一审判决或裁定正确，而二审改判的判决(或裁定)确有错误时，只写明二审判决(或裁定)的错误所在；第二，如果认为一、二审判决(或裁定)都有错误的，均应指出错误所在，以便下文分别论析反驳。

4. 抗诉理由。抗诉书是对法院原审裁判的错误进行驳辩，属驳论性的公文文体，因此反驳对象要明确有针对性，原判全部错的全部抗诉，部分错就部分抗诉。观点要鲜明，论证有逻辑性，论据真实全面，以法律为论据的，必须准确具体地援引条、款、项的内容，以事实为论据的，必须有查证属实的证据，从而驳倒错误论点，阐明抗诉意见的正确性。

(1)例如，宗××诈骗案抗诉书(按二审程序)中抗诉理由的第一点为：

"一、判决书认定部分犯罪事实与引用证据不当。

判决书认定：'被告人宗××于 1988 年 9 月间，虚构事实，向金××谎称可为其联系购买两吨平价电解铜。为骗得金××的信任，宗××先后私刻了××市化工轻工供应公司第二化工供应部、××市勤工化工厂供销股的印章，并伪造上述两单位的供货证明。嗣后，以代垫付电解铜款为名骗得金××人民币5000 元花用。'事实是：被告人宗××在 1988 年 9 月下旬通过伪造'××市化工轻工供应公司第二化工供应部'两张供货证明(见附件一、二)，骗得金××5000

元后,为达到进一步诈骗的目的,于 10 月 4 日再次私刻'××市勤工化工厂供销股'印章,伪造供货证明(见附件三),以自己为金××的电解铜垫付了 8000 余元,造成资金搁死,需再借款 10000 元归还他人为理由,又骗得金×× 10000 元。由此可见,宗××伪造'××市勤工化工厂供销股'的假证明不是为了骗 5000 元(在此十余天前已骗得),而是为了诈骗 10000 元所实施的行为。"例中用引述原文的方式将正误事实加以比照,否定了原判的不当之处。

(2)如果法院适用法律有误,应主要针对犯罪行为的本质特征,论述应该如何认定行为性质,从而正确适用法律。要从引用罪状、量刑情节等方面分别论述。适用法律有误主要包括定性(罪与非罪)、定罪(此罪与彼罪)、处罚或免除处罚不当、适用法律条款不当等。一般根据刑法关于犯罪的理论,围绕行为事实的本质特征,通过对案件性质的分析,指出原判决(或裁定)之误,论证如何正确适用法律,认定案件性质。如罪名不当,着重于区分此罪与彼罪的特征,阐明应定何罪而不应定何罪的理由、根据。

(3)原判决(或裁定)量刑不当,包括罪刑不适应,刑罚畸轻畸重,未考虑法定从重加重、从轻减轻情节,以及适用缓刑不当,无正当理由而未依法判处刑罚等情况。

(4)如果法院审判程序严重违法,抗诉书就应该主要根据刑事诉讼法及有关司法解释,逐个论述原审法院违反法定诉讼程序的事实表现,包括时间、地点、审判人员或合议庭的违法行为等情况,再写明影响公正判决的现实或可能性,最后阐述法律规定的正确诉讼程序。例如,原审法院在审判过程中,需要通知新的证人到庭,调取新的物证,重新鉴定或勘验,本应延期审理而当庭宣判,以致造成错判的,先将这一情况叙明,然后阐述违反法定程序和错判之间的因果关系,再引用刑事诉讼法第一百九十八条第一项内容说明正确的程序。

抗诉理由部分常见的写法有三种:

其一,分段列举法。依抗诉理由的不同列出序号,标明观点,分段反驳。适用于抗诉论点较多的案件。

其二,分人反驳法。一案多名被告人的,针对不同被告人的具体情况,分别阐述抗诉理由。适用于抗诉理由各不相同的两名以上被告人的抗诉案件。

其三,综合分析法。将抗诉理由集中在一个段落里加以阐述,适用于抗诉论点较少的案件。

共同犯罪案件,要对提出抗诉的被告人进行重点分析、叙写,对同意法院判决的被告人可以略写,或作为对比时提出。在叙写抗诉理由时,要利用案件证据情况有针对性地证明自己的观点。另外,在抗诉书中只能针对一审审理的案件事实,不能包括进行追诉的事实。

5. 提起抗诉的法律依据、抗诉要求。要综合上述审查情况和抗诉理由提出结论性意见。

刑事抗诉书中结论性意见应当简洁、明确。在要求事项部分,应写明"特提出抗诉,请依法判处"。

(三)尾　部

署名方式,署检察院名称并盖院印。

(四)附　注

对于未被羁押的原审被告人,应将住所或居所明确写明。证据目录和证人名单如果与起诉书相同可不另附。

四、评　改

××县人民检察院
抗诉书

××检刑抗〔19××〕×号

本院于19××年7月24日收到的××县人民法院19××年×月××日〔19××〕×法刑字第14号刑事附带民事判决书中,认定被告人李广×、李宝×犯故意伤害罪,判处李广×有期徒刑3年,缓刑4年,判处李宝×拘役6个月,缓刑1年,赔偿被害人解××医疗费用542元。本院审查认为:该判决认定二被告人犯罪有从轻情节,认罪态度较好,是没有事实和法律根据的,造成量刑不当。理由如下:

一、判决书认定:"二被告人犯罪有义愤情节",但未说明义愤的表现所在,其含义不清。根据案情而言,所谓"义愤情节"也是不存在的。被告人李广×与被害人解××系夫妻关系,解××于19××年因与被告人争吵而离家出走,并提出离婚。经判决不准离婚,仍不归家。19××年5月7日,其子放学后去姨家,二被告人寻找不见,便以为被解××哄骗出走,即经预谋后,将解从其娘家捆绑拖回家中,用剪刀剪掉解××两耳轮、鼻尖和头发,次日又用铁丝烙烫面部后,才为解××松绑。从整个案情看,二被告人的"义愤"所出无正当原因。所谓义愤,应是被害一方有不道德或不法行为的情况下,被告人一方出于正义而产生的愤恨。但本案的被害人并无不道德行为,更无不法行为,因而不构成被告人一方的义愤情节。

二、判决书认定"二被告人认罪态度较好",与被告人所作所为不符。①二被告人施加伤害致解××住院以后,其医疗费用,分文未予付给,到庭审时仍不愿承担应负的医疗费;②二被告人在庭审中对某些情节采取了避重就轻的态度,如二被告人原交代对解××捆绑后拳打脚踢,而且有在场人证言、被害人陈述及伤势诊断证明,情况经查属实。但在庭审时二被告人又拒不供认。据此不能说二被告人认罪态度较好。

三、判决书引用法律条款不完善。二被告人有明显的主犯、从犯之分,这在判决书中也作了认定。但却只引用刑法第二十四条(从犯从轻、减轻、免除处罚),而不引用刑法第二十三条(主犯从重处罚)。说明判决不是在全面正确的适用法律的情况下进行的。

四、判决书在认定事实上不够全面准确。经查实二被告人实施伤害过程中,被害人解××先后多次要求悔过求饶,判决书未作认定,这不利于反映被告人作案的主观恶性程度;另外,判决书认定"被害人解××住院70余天",对案件的危害结果反映不全面,事实上,被害人解××左耳轮外伤并发软骨膜炎,现仍在治疗中。

五、判决书中由于上述四条原因,得出了"应从轻处罚"的错误指导思想,使得量刑明显偏轻。二被告人在被害人多次求饶的情况下,非法捆绑,毁人容貌,致其重伤,手段毒辣,情节恶劣,后果严重,影响极坏。被害人解××被害以后,不仅肉体上受到极大的痛苦,而且在精神上遭到了莫大的折磨,感到年仅三十几岁,面容被毁,丑不堪目,无地自容,痛不欲生。被害人之父得知其女遭此摧残以后,悬梁自尽。被告人的行为引起社会的公愤,如不从重从严处罚二被告人,则不足以严厉打击严重的刑事犯罪,不足以平息民愤和社会舆论。根据被告人的行为,依照《中华人民共和国刑法》第一百三十四条第二款和第五十八条之规定,已构成故意伤害罪。根据全国人大常委会《关于严惩严重危害社会治安的犯罪分子的决定》:"故意伤害他人身体,致人重伤或者死亡,情节恶劣的,可在刑法规定的最高刑以上处刑,直到判处死刑。"但是,原判决书却将主犯李广×判处有期徒刑3年,将从犯李宝×减轻处罚为拘役6个月,皆适用缓刑,是与刑法有关规定和人大常委会决定精神相违背的,是非常错误的。

综上所述,本院以为,对被告人李广×、李宝×应以《中华人民共和国刑法》第一百三十四条第二款的量刑幅度和全国人大常务委员会决定科处较重的刑罚。为此,根据《中华人民共和国刑事诉讼法》第一百八十一条之规定,特向你院提起抗诉。

　　　　此致
××地区中级人民法院

　　　　　　　　　　　　　　19××年7月31日
　　　　　　　　　　　　　　（院印）

第六章　人民法院法律文书

本章要点：审判法律文书的类别及制作规范。

第一节　概　述

一、概　念

审判文书，是法院在处理诉讼案件时，依法制作和使用的具有法律效力或法律意义的公文总称。

审判文书，是法院处理案件、进行审判活动的文字记录和凭证，是实施国家法律的重要手段，是宣传社会主义法制的重要教材，也是考察审判干部业务素质的重要尺度。审判文书经过了一个日渐完善的发展过程。以往审判文书质量上存在着某些问题，如裁判文书和案件审理报告、决定书、布告等有的结构不妥，层次不明，内容要素不齐全；有的叙事语义含糊或者语义未尽又转话题，用词造句和使用概念不准确、不合文理或者烦琐冗长；有的只摆事实不讲证据，或者简单列举证据名称而不讲证据的内容，缺乏对证据力的分析；有的说理不充分，不依法论理，对诉辩双方的意见和理由缺乏有针对性的评析；有的不成文体，方言土语甚至黑话充斥文中。为了纠正这种情况，最高人民法院1992年制发了统一的《法院诉讼文书样式（试行）》，全国各级人民法院统一适用。为贯彻执行修改后的刑法和刑事诉讼法，推行控辩式审理方式，改革诉讼文书的制作，提高刑事诉讼文书特别是裁判文书的质量，最高人民法院1999年4月6日通过了《法院刑事诉讼文书样式》，并已于1999年7月1日起施行。2003年5月，最高人民法院又补充了7份文书样式，进一步规范了刑事法律文书的制作。2016年，为了提高民事诉讼文书质量，最高人民法院制定了《人民法院民事裁判文书制作规范》和《民事诉讼文书样式》。同年，最高人民法院又以修改后行政诉讼法实施为契机，研究制定了《行政诉讼裁判文书样式（试行）》。

本章主要以1992年《法院诉讼文书样式（试行）》及1999年4月6日通过的《法院刑事诉讼文书样式》和有关最新修订的民事诉讼和行政诉讼裁判文书式

样为标准,介绍相关文书。

二、类　　别

审判文书依不同的划分标准,可得出不同的类别。依案件性质划分,有刑事审判文书、民事(含经济纠纷、海事纠纷)审判文书、行政审判文书;依审判程序划分,有第一审裁判文书、第二审裁判文书、再审裁判文书、复核程序裁判文书、特别程序裁判文书和执行文书;按文种分,有判决书、裁定书、调解书、决定书、通知书、命令、布告、书函、证票、杂类等;依法律效应,可分为具有特定法律效力的审判文书和具有特定法律意义的审判文书,前者如裁判文书、命令、批复、公告等,后者如笔录、布告、书函、案件审理报告等。

《法院诉讼文书样式(试行)》中依文书用途和案件性质将法院诉讼文书分为14类314种,为我们介绍审判文书的类别提供了实用性的参考。其大类如下:

1. 刑事案件裁判文书类,共40种。包括第一审程序文书8种,第二审程序文书7种,死刑复核程序文书9种,类推复核程序文书3种,审判监督程序文书9种,执行和其他程序文书4种。

2. 民事案件裁判文书类,共49种。包括第一审程序文书21种,第二审程序文书7种,审判监督程序文书9种,督促程序文书2种,企业法人破产还债程序文书2种,执行程序文书6种,公示催告程序文书2种。

3. 行政案件裁判文书类,共12种。包括第一审程序文书6种,第二审程序文书4种,审判监督程序文书2种。

4. 决定、命令类,共19种。

5. 报告、批复类,共21种。

6. 笔录类,共15种。

7. 证票类,共7种。

8. 书函类,共22种。

9. 通知类,共39种。

10. 公告、布告类,共11种。

11. 涉外民事、经济纠纷案件专用文书类,共18种。

12. 海事案件专用文书类,共29种。包括海事诉讼财产保全文书7种,海事诉前财产保全文书7种,海事仲裁财产保全文书2种,强制拍卖船舶清偿债务文书10种,其他3种。

13. 书状类,共21种。

14. 其他类,共11种。

1999 年修订后的法院刑事诉讼文书样式共 9 类 164 种,其中裁判文书 45 种。

三、相关文书概览

本章主要介绍刑事裁判文书、民事裁判文书和行政裁判文书。

(1)刑事裁判文书,是人民法院代表国家行使审判权,依照《中华人民共和国刑事诉讼法》和《中华人民共和国刑法》及其他有关刑事法律的规定,在审理各类刑事案件时,就其实体问题和程序问题所制作的具有法律效力的文书。刑事裁判文书种类较多,主要指刑事判决书和裁定书。刑事判决书,按照内容可分为有罪判决书和无罪判决书;而有罪的又分为科刑判决书和免刑判决书。按照审判程序,刑事判决书分为第一审刑事判决书、第二审刑事判决书、再审刑事判决书和刑事附带民事判决书。刑事裁定书分为第一审刑事裁定书、第二审刑事裁定书、死刑复核刑事裁定书、核准法定刑以下判处刑罚的刑事裁定书、再审刑事裁定书、减刑假释裁定书、减免罚金裁定书和中止、终止审理裁定书等。

(2)民事裁判文书,是人民法院根据民事诉讼法和民法通则及婚姻法、继承法、经济合同法等民事法律、经济法律的规定,在审理民事、经济纠纷案件中,就案件的实体问题和程序问题依法制作的具有法律效力的文书。

民事裁判文书,从内容和形式上可分为四种:民事判决书、民事裁定书、民事调解书、民事决定书和民事制裁决定书。从程序上可分为七种:第一审程序文书、第二审程序文书、再审程序文书、督促程序文书、公示催告程序文书、企业法人破产还债程序文书、执行程序文书。

(3)行政裁判文书,指法院代表国家行使审判权,在行政诉讼中依照法律、法规的规定,为解决当事人之间的具体行政争议,就案件的实体问题和程序问题做出的具有法律效力的司法文书。

行政裁判文书,依文种可分为行政判决书、行政裁定书和行政赔偿调解书。按审判程序分为第一审程序文书、第二审程序文书和再审程序文书。

第二节　第一审刑事判决书

一、概　念

第一审刑事判决书是指第一审人民法院对于公诉或自诉的刑事案件,按法定程序审理后,根据已经查明的事实、证据和有关实体法的规定,对于被告人有罪或者无罪、构成何种罪,判处什么刑罚或者免除处罚,或者宣告无罪等实体问题做出处理决定时所使用的文书。

一审刑事判决书是国家审判机关适用一审程序审理刑事案件的结论;是判决发生法律效力后,对被告人执行刑罚的法律根据;是当事人或其法定代理人、辩护人在法定期限内上诉或同级人民检察院在法定期限内抗诉的根据;同时为适用二审程序、审判监督程序继续审理案件打下了基础。

一审刑事判决书具体有五种:适用普通程序的第一审公诉案件刑事判决书,适用单位犯罪的第一审刑事判决书,适用简易程序的第一审公诉案件刑事判决书,适用普通的第一审刑事附带民事判决书,第一审自诉案件刑事判决书。

二、相关法律联结

《中华人民共和国刑事诉讼法》相关条文规定:

第一百九十五条　在被告人最后陈述后,审判长宣布休庭,合议庭进行评议,根据已经查明的事实、证据和有关的法律规定,分别作出以下判决:

(一)案件事实清楚,证据确实、充分,依据法律认定被告人有罪的,应当作出有罪判决;

(二)依据法律认定被告人无罪的,应当作出无罪判决;

(三)证据不足,不能认定被告人有罪的,应当作出证据不足、指控的犯罪不能成立的无罪判决。

第一百九十六条　宣告判决,一律公开进行。

当庭宣告判决的,应当在五日以内将判决书送达当事人和提起公诉的人民检察院;定期宣告判决的,应当在宣告后立即将判决书送达当事人和提起公诉的人民检察院。判决书应当同时送达辩护人、诉讼代理人。

第一百九十七条　判决书应当由审判人员和书记员署名,并且写明上诉的期限和上诉的法院。

第二百零二条　人民法院审理公诉案件,应当在受理后二个月以内宣判,至迟不得超过三个月。对于可能判处死刑的案件或者附带民事诉讼的案件,以及有本法第一百五十六条规定情形之一的,经上一级人民法院批准,可以延长三个月;因特殊情况还需要延长的,报请最高人民法院批准。

人民法院改变管辖的案件,从改变后的人民法院收到案件之日起计算审理期限。

　　人民检察院补充侦查的案件,补充侦查完毕移送人民法院后,人民法院重新计算审理期限。

三、格　式

×××人民法院

刑事判决书

〔年度〕×刑初字第××号

公诉机关:××××人民检察院

被告人……

辩护人……

　　××××人民检察院以×检×诉〔　　　〕××号起诉书指控被告人×××犯××罪,于××××年××月××日,向本院提起公诉。本院依法组成合议庭,公开(或不公开)开庭审理了本案。××××人民检察院指派检察员×××出庭支持公诉,被害人×××及其法定代理人×××、诉讼代理人×××、被告人×××及其法定代理人×××、辩护人×××、证人×××、鉴定人×××等到庭参加诉讼。现已审理终结。

　　××××人民检察院指控……

　　被告人×××辩称……

　　经审理查明,……

　　本院认为,……依照……的规定,判决如下:

　　…………

　　如不服本判决,可在接到判决书的第二日起十日内,通过本院或者直接向××××人民法院提出上诉。书面上诉的,应当提交上诉状正本一份,副本×份。

审判长×××

审判员×××

审判员×××

年　月　日

(院印)

本件与原本核对无异

书记员×××

四、制作方法和内容

判决书和案件审理报告在制作方法上都要开门见山,突出主旨;布局紧凑,层次分明,富有逻辑性。但两者又有明显的不同:判决书是对案件的处理决定,具有更强的约束力,是结论性文书,结构布局及语言运用上以简洁为贵,强调严谨缜密,准确无误,绝不能有遗漏和含混之处,更不能穿凿附会。审理报告强调的是一个"实"字,既要真实又要充实,使阅者看后了然于心,以充分发挥内部文书的监督作用。

一审刑事判决书由首部、正文、尾部三大板块组成。

(一)首部依次写明下列内容

1. 标题。分两行居正中写法院名称和文书名称。其中法院的名称,一般应与院印的文字一致,但是基层法院应冠以省、自治区或直辖市的名称。涉外案件中,各级法院均应冠以我国国名。文书名称无须标明审判程序和起诉主体的性质。

2. 文书编号。由立案年度、制作法院、案件性质、审判程序的代字和案件的顺序号组成。一审刑事判决书的编号即为"〔年度〕×刑初字第×号"。

其中案件的顺序号,指按照受理案件的时间顺序编号。上一年未结的案件,下一年制作司法文书时,仍用原编的立案顺序号,不应按新年度重新编号。在一个案件中,可能制发数种裁定书、通知书的,均按照一案一号的原则,仍用原号写,但可以编数个分号,如"〔1995〕济历刑初字第1-1号"。委托中级人民法院执行的案件,中级人民法院在向高级法院写执行情况报告时,应编原案件顺序号。

3. 公诉机关的称谓。写明提起公诉的检察机关的全称,如格式所示。根据我国检察院组织法第十五条和刑事诉讼法第一百六十七条的规定,代表国家提起公诉的是人民检察院,而不是院内的某一个人,故须写"公诉机关"而不应称"公诉人"。

4. 被告人的基本情况。应依次列明如下项目:姓名(括号注明与案情有关的别名、化名和绰号),性别,出生年月日,民族,出生地,文化程度,职业或工作单位和职务,住址,以及因本案所受强制措施情况,现羁押何处。

被告人曾经受过刑事处罚、行政处罚、劳动教养或者又在限制人身自由期间内逃跑等,或者酌定从重处罚的情节,应写明其事由和时间。

凡被拘留、逮捕的,应写明被拘留、逮捕的年月日,不能只写被逮捕的日期,以便折抵刑期。

同案被告人有两人以上的,按主犯、从犯的顺序列项书写。

被告人是外国人的,应在其中文译名后用括号写明其外文姓名、护照号码、国籍。

被告人是未成年人的,应当在写明被告人基本情况之后,另行续写法定代理人的姓名、与被告人的关系、工作单位和职务及住址。

上述各项之间可用逗号隔开,如果某项内容较多,可视行文需要,另行采用分号、句号等。

5. 辩护人的基本情况。该项因担任辩护人的情况不同而写法有别。辩护人是律师的,写明姓名、工作单位和职务,例"辩护人×××,系××律师事务所律师";辩护人是由被告人所在单位或者人民团体推荐的,或者是经人民法院许可的公民,应写明其姓名、工作单位和职务;是被告人的亲友、监护人的,除应写明其姓名和职务外,还应写明与被告人的关系;辩护人是人民法院指定的,写为"指定辩护人"。

同案被告两人以上各有辩护人的,分别列在各被告人下一行。

(二)正　文

1. 案件的由来、审理组织、审判方式和审判经过。这是一段固定化的表述文字。

这段文字是为了体现审判程序的合法性。主要包括:案件由来,公诉日期,是组成合议庭审判还是独任审判,公开或不公开审理,到庭参加诉讼的情况。

公诉案件要写明起诉日期,即法院签收起诉书等材料的日期,这关系到审理期限的计算。

出庭参加诉讼的人员,不仅要写控方人员,而且还要写被告人及其辩护人出庭情况,这意味着更加郑重地承认了辩护人在法庭上应有的地位,是诉讼参与人的诉讼权利依法得到保障的反映。

公诉案件中如果是对象明显、受害严重的被害人,与案件的利害关系密切,又是最了解案情的证人,开庭时应当依法通知到庭,写入出庭人员之内。

对于前案依据刑事诉讼法第一百九十五条第三项规定做出无罪判决,人民检察院又起诉的,原判决不予撤销,但应在案件审判经过段"××××人民检察院以×检×诉〔　　　〕××号起诉书"一句前,增写"被告人×××曾于××××年××月××日被人民检察院以××××罪向××××人民法院提起公诉。因证据不足,指控的犯罪不能成立,被××××人民法院依法判决宣告无罪"。

2. 事实。这是判决书的基础部分,包括两大层次内容。

首先要概述检察院指控的基本内容,写明被告人的供述、辩解和辩护人辩护的要点。该段文字旨在加强刑事判决的透明度,突出争讼的焦点,有利于法院在认定事实和列举证据及阐述判决理由的时候具有针对性,有利于在下文对控辩双方的意见表态。但是在归纳双方意见时,应简练概括,忌文字冗长,以免与后文有明显重复。

其次,详叙法院认定的事实、情节和证据。

该段文字由"经审理查明,……"一语领起,将经过法庭查证属实的事实和证据,详细写明。它是有罪、无罪和定性判刑的主要根据,叙述时一定要实事求是,对控辩双方有异议的事实、情节、证据,应当作重点分析论定。具体应做到如下几点:

(1)要素性。叙述案情时,要写清案件发生的时间、地点、动机、目的、手段、行为过程、危害结果、被告人事后的态度以及涉及的人和事等要素,并以是否具有犯罪构成要件为重点,兼叙影响量刑轻重的各种情节,特别是主罪中那些与定罪量刑有密切关系的重要情节更应详写。依法公开审理的案件,案件事实未经法庭公开调查的,不能认定。

(2)真实性。写入文书的事实和证据必须经过查证核实。用作认定事实的证据必须确凿可靠,主要根据间接证据定案的,证据之间若有矛盾,应当综合分析,去伪存真;证据与被证事实之间有必然的、有机的联系;证据与证据之间要能够互相印证,环环相扣,形成一个严密的证明体系;列举证据要具体,不能抽象笼统,流于形式。不仅要列举证据,而且要通过对主要证据的分析论证,来说明本判决认定的事实是正确无误的,必须坚决改变用空洞的"证据确凿"几个字来代替认定犯罪事实的具体证据的格式化的写法,以增强判决书中认定事实的可信性。

(3)层次性。叙述事实要层次清楚,重点突出。一般按时间先后顺序进行,着重写清主要情节;一人犯数罪时,主罪详写;没有因果关系的数罪,应按罪行主次的顺序进行叙述;一般共同犯罪的案件,应以主犯为主线进行叙述;集团犯罪案件,可先综述集团的形成和共同的犯罪行为,再按主犯、从犯或者罪重、罪轻的次序分别叙述各个被告人的罪行。

(4)选择性。叙述犯罪事实要真实、全面,但也是有选择的,如涉及国家机密及侦查技术手段的事实不能写入;有关隐私案件的具体情节和检举人的姓名、被害妇女和幼女的姓名等不要写入;要概括地点明反动言论的主要内容和性质,不要重述原话;证据不力、没有把握或虽属违法行为但不构成犯罪的事实不宜写入。

有关认定事实的证据,制作时必须做到如下方面:

(1)依法公开审理的案件,除无须举证的事实外,证明案件事实的证据必须经法庭公开举证、质证，才能认证；未经法庭公开举证、质证的，不能认证。

（2）特别要注意通过对证据的具体分析、认证来证明判决所确认的犯罪事实，防止并杜绝用"以上事实，证据充分，被告人亦供认不讳，足以认定"的抽象、笼统的说法，或者用简单的罗列证据的方法来代替对证据的具体分析、认证。法官认证和采信证据的过程应当在判决书中充分体现出来。

（3）证据要尽可能写得明确、具体。证据的写法，应当因案而异。案情简单或者控辩双方没有异议的，可以集中表述；案情复杂或者控辩双方有异议的，应当进行分析、认证；一人犯数罪或者共同犯罪案件，还可以分项或者逐人逐罪叙述证据或者对证据进行分析、认证。对控辩双方没有争议的证据，在控辩主张中可不予叙述，而只在"经审理查明"的证据部分具体表述，以避免不必要的重复。

另外，叙述证据时，应当注意保守国家秘密，保护报案人、控告人、举报人、被害人、证人的安全和名誉。

以上几点是叙事举证时应坚持的原则。另外，在写作方法上可参考检察文书中起诉书部分，叙事可采用时序法、突出法、综合归纳法、总分法，举证可采用一事一证法、夹叙夹证法和全罪一证法，因情而定，灵活运用。

以上控、辩、事实、证据分四个自然段书写。

3. 理由。理由是判决书的灵魂，是将犯罪事实和判决结果有机地联系在一起的纽带，是依法对前面事实的分析论证。这一部分内所提出的每一个理由都必须在前面的事实部分内找到根据。主要包括犯罪性质的认定、罪责的确定、犯罪的社会危害性的说明、法律条款的引用等内容，为下文的判决结果奠定基础。具体表述依次如下：

（1）对案件事实分析认定。主要围绕定罪、量刑两方面事实展开论证。针对犯罪的事实、性质、情节，根据法律规定、政策精神与犯罪构成理论，阐述公诉机关的指控是否成立，分析被告人的行为是否构成犯罪，触犯了什么罪；分析被告人所具备的量刑情节，如被告人具有从重、加重或从轻、减轻、免除处罚等情节的一种或数种的，应当分别予以肯定或者综合论定，以明确对被告人的处理原则。

在确定罪名时，应以刑法和《最高人民法院关于执行〈中华人民共和国刑法〉确定罪名的规定》为依据，按分则各条规定的罪状特征，以被侵犯的直接客体（不是同类客体）为基础，使罪名准确合法；除了法律有专门规定以外，不能根据犯罪情节来确定罪名，因为情节只影响量刑，不影响犯罪性质，如不能以"过失投毒致死罪""故意伤害致死罪"等为罪名。对教唆犯罪的，应按他所教唆的罪确定罪名，如"教唆盗窃罪""教唆强奸妇女罪"等，不能笼统定为"教唆罪"；对于刑法分则中某些条文中的排列式罪名,就单独确定罪名,例如《中华人民共和国刑法》第二百六十四条、第二百六十六条、第二百六十七条规定的盗窃、诈骗、抢夺罪等;刑法分则有些条文,还规定了行为选择和对象选择性罪名,由于犯罪行为或对象的性质相同,故只要实施了其中一种犯罪行为,或者侵害了一种特定对象,就可以构成犯罪,并应根据实施的具体行为或侵害的具体对象,相应确定具体罪名,如《中华人民共和国刑法》第二百二十七条规定的伪造车票、船票、有价票证罪,若行为人只是伪造车票犯罪,则应定为伪造车票罪;法律条款中没有规定的罪名,一般按刑法分则中最相近的条款确定罪名。一人犯数罪时,一般先定重罪,后定轻罪;一般共同犯罪和集团犯罪案件,应在分清各被告人的地位、作用和刑事责任的前提下,依次确定首要分子、主从犯的罪名,做到理由和事实的密切呼应。

该部分还要针对事实中控辩双方关于适用法律方面的意见,有分析地表示是否予以采纳,即对于检察院指控的罪名,正确的应当表示肯定,不构成犯罪或者罪名不当,应有理有据的分析评定;对于辩护、辩解的主要理由,应当表明予以采纳或据理反驳,使控、辩、判三方意见密切联系,力避脱节现象。

例如沈太福贪污、行贿和孙继红贪污案刑事判决书,理由中对事实的分析认定写得比较好:

"本院认为:北京市海淀区工商行政管理局作为工商企业主管部门确认北京长城公司是集体所有制性质的证据有效。沈太福、孙继红身为集体经济组织负责人,利用职务之便,共同或者单独采取欺骗等手段,侵吞公款,其行为侵犯了集体财产的所有权,已构成贪污罪,且数额特别巨大,情节特别严重,均应依法严惩;沈太福为北京长城公司谋取不正当利益,向国家工作人员大肆行贿,情节严重,其行为侵犯了国家机关的正常活动,依法应以行贿罪追究直接负责的主管人员沈太福的刑事责任。北京市人民检察院分院起诉指控沈太福犯上述贪污罪、行贿罪;指控孙继红犯贪污罪的证据确实、充分,定性准确,应予认定;但起诉书指控沈太福、孙继红共同非法占有公款人民币117万元的事实不清,证据不充分,本院不予认定。沈太福、孙继红及其辩护人关于沈太福、孙继红不具备贪污罪主体身份,其行为不构成贪污罪的辩解缺乏事实和法律根据,本院不予采纳。鉴于孙继红在共同犯罪中起次要作用,是从犯,在案发前,主动交回其参与共同贪污的全部赃款等情节,对孙继红依法比照主犯减轻处罚。"

例中有罪名的认定、有对控辩双方意见的分析论证、有量刑情节的阐述、有对主从犯罪责的区别,层次清楚,论析透辟,事理结合,很有说服力。

(2)引述法律条文。在定性量刑之后便要引用相应的法律依据,以充分体现"以事实为根据,以法律为准绳"的办案原则。在引述法律条文时一定要坚持准确、完整、具体、针对性和有序的原则。

所谓准确,就是所引法条与判决结果相吻合。引用法律条文越准确,判决书质量越高。一定要避免部分引错甚至完全引错的情况出现,例如抢夺罪引用抢劫罪条款,包庇罪引用窝赃、销赃罪条款等的出现,会极大地损害审判机关的形象。

完整,就是要把据以定性量刑的法律规定全部引出,绝不能出现缺项漏项等不严密的情况。例如数罪并罚案件,除对每个罪定罪处刑的法律依据都要引用外,还要引用刑法第六十九条,作为判决的法律依据。对于刑法分则中有些定罪量刑条款不是同一的,就既要引用定罪条款,又要引用量刑条款。对于既判处主刑又判处附加刑的,除了引用主刑条款,还要引用附加刑条款。有的不仅要引用实体法,还要引用程序法。

具体,指所引条文外延最小,内容明确,绝不空泛笼统。例如刑法分则条文中凡条下分款、项的一定要写明第几条第几款第几项,只分项不分款的则写明第几条第几项。这样才能使刑与法一一对应,避免无所适从的情况出现。

针对性,是指同一份判决书中引用的法律条文之间,不能互相排斥。例如,既引用从重条文又引用从轻条文,且没有分析论证,使判决结论处于被推测的状态,令人生疑。因此,讲究针对性是避免对所引条文产生歧义的重要手段。

所谓有序,是指所引法律条文排列有序,有条理性,而非随心所欲。一般规范为:

先主刑后附加刑;先分则后总则;先程序法后实体法;先定罪量刑后引从重、加重、从轻、减轻和免除处罚条文;判决结果既有主刑又有附加刑内容的,应当先引用适用主刑的条文,后引用适用附加刑的条文;适用以他罪论处的条文时,先引用本条条文,再按本条之规定,引用相应的他罪条文;一人犯数罪时,应逐罪引用法律条文;一般共同犯罪的,可集中引用有关的法律条文,必要时应逐人逐罪引用法律条文;集团犯罪案件,应结合分项判处,逐人逐罪引用法律条文;既有法律规定又有司法解释规定的,应当先引用法律规定,再引用相关司法解释。

准确、完整、具体、有序和针对性是辩证统一的,有着不可分割的内在联系,是引述法律条文规范化的必备要素。

4. 判决结果。判决结果是根据事实和理由所作出的定性处理结论,是判决书画龙点睛的部分。一定要和事实、理由相一致,和法律条文相吻合,做到定罪准确,量刑恰当,明确具体。选词用语应推敲斟酌,精炼妥帖。

公诉案件的判决结果有以下三种情况。

第一,定罪判刑的,表述为:

"一、被告人×××犯××罪,判处……(写明主刑、附加刑);

(刑期从判决执行之日起计算。判决执行以前先行羁押的,羁押一日折抵刑期一日,即自××××年××月××日起至××××年××月××日止)

二、被告人×××……(写明追缴、退赔或者发还被害人、没收财物的决定,以及这些财物的名称、种类和数额)。"

第二,定罪免刑的,表述为:

"被告人×××犯××罪,免予刑事处分(如有追缴、退赔或没收财物的,续写第二项)。"

第三,宣告无罪的,表述为:

"被告人×××无罪。"

由上可见,判决结果有定罪判刑、定罪免刑和宣告无罪三种情况。制作时,要注意下列事项:

(1)罪名要准确,和理由部分保持一致,不能漏写或前后矛盾。如"判处被告人丁××有期徒刑二年"的写法既不符合格式用语要求,又缺少罪名,是很不规范的,而应依序写明被告人姓名、罪名、刑种、刑量。

(2)刑种、刑量要清楚、明白、准确,表述要规范。有如下几种表述方式:

第一,有期徒刑的刑罚,应当写明刑种、刑量和主刑的折抵办法及刑期的起止时间。

判处结果适用缓刑的,应当写成"被告人×××犯××罪,判处有期徒刑(或拘役)×年(月),缓刑×年(月)"而不能写成"被告人×××犯××罪,判处缓刑×年",因为这样写不符合法律规定。

第二,适用死刑的,表述为:"被告人×××犯××罪,判处死刑,剥夺政治权利终身。"不能写为"判处死刑,立即执行",因为这样不符合刑法规定,而且从程序上看,任何一个死刑判决,都要经过死刑复核程序,由负有核准死刑权的法院院长下达执行死刑命令后,才能执行。

对判处死刑缓期执行的,应依刑法规定,表述为:"被告人×××犯××罪,判处死刑,缓期二年执行,死刑缓期二年执行的期间,从高级人民法院核准之日起计算。"

如系判处管制的,表述中"羁押一日折抵刑期一日",变更为"羁押一日折抵刑期二日",其余同格式。

第三,数罪并罚的应当分别定罪量刑(包括主刑和附加刑),然后按照刑法总则第四章第四节的规定,决定最后执行的刑罚,不能"估堆"量刑。例如:"被告人×××犯贪污罪,判处死刑,剥夺政治权利终身;犯抢夺罪,判处有期徒刑五年,决定执行死刑,剥夺政治权利终身。"

（3）对未成年人、精神病人和被告人死亡的三类特殊案件判决结果的表述。根据刑事诉讼法第十五条规定，对被告人因不满 16 周岁不予刑事处罚和被告人是精神病在不能辨认或者不能控制自己行为的时候造成危害结果不予刑事处罚的，应当在判决结果中宣告"被告人不负刑事责任"；对于被告人死亡的案件，根据已经查明的案件事实和认定的证据材料，能够认定被告人无罪的，也应在判决结果中宣告"被告人无罪"。

（4）对于因证据不足，适用刑事诉讼法第一百九十五条第三项宣告被告人无罪的，应将"××××人民检察院指控的犯罪不能成立"作为判决的理由，而不应该作为判决主文。判决主文上仍只写"被告人×××无罪"。

（5）追缴、退赔和没收的财物，应写明其名称、数额。如果财物多、种类复杂的，只在判决书上写明其种类和总数，另列清单作为判决书的附件。例如："被告人刘××受贿人民币 3500 元予以没收；收缴林×人民币 3500 元予以没收。"

（6）一案多名被告人的，应以罪责的主次或者所判刑罚的重轻为顺序，分项定罪判处。

（三）尾　部

尾部包括上诉事项、签署、时间等内容。表述文字基本固定，如格式。

1. 交代上诉期限、上诉法院、上诉方式。

如果适用刑法第六十三条第二款的规定在法定刑以下判处刑罚的，应当在交代上诉权之后另起一行写明："本判决依法报请最高人民法院核准后生效。"

2. 署名。由参加审判案件的合议庭组成人员署名，如格式所示。其中有些问题须加注意：

合议庭成员中有陪审员的，署名为"人民陪审员×××"；是代理审判员的，署名为"代理审判员×××"；助理审判员担任合议庭审判长的，与审判员担任合议庭审判长的一样，均署名为"审判长×××"；院长或庭长参加合议庭，应担任审判长的，亦应署名为"审判长×××"。

3. 日期。写明当庭宣判的日期或者签发判决书的日期。

年月日上加盖院印，应骑年盖月端正地加在年月日中央。

在时间下方由书记员署名。判决书正本制成后，书记员应将正本与原本进行核对，确认无异后，在日期左下方与书记员署名的左上方，加盖"本件与原本核对无异"的核对章，个别涂改之处，应盖校对章。

五、实例评析

××省高级人民法院
刑事判决书
〔1998〕×高刑初字第 1 号

公诉机关:××省人民检察院。

被告人褚××,男,1928 年 3 月 1 日生,汉族,高中文化,云南省××县人,原系云南××烟草(集团)有限责任公司董事长、总裁,住××卷烟厂职工宿舍。1997 年 2 月 8 日因本案被监视居住,同年 7 月 10 日被逮捕。现羁押于××省公安厅看守所。

辩护人马×、罗×,云南××律师事务所律师。

被告人罗××,男,1953 年 6 月 13 日生,汉族,大专文化,云南省××县人,原系云南××烟草(集团)有限责任公司总会计师,住××卷烟厂职工宿舍。1997 年 8 月 8 日因本案被刑事拘留,同年 8 月 22 日被逮捕。现羁押于××省公安厅看守所。

辩护人王××、何×,云南××律师事务所律师。

被告人乔××,男,1938 年 9 月 5 日生,汉族,硕士研究生文化,云南省××县人,原系云南××烟草(集团)有限责任公司副董事长、副总裁,住××卷烟厂职工宿舍。1997 年 8 月 8 日因本案被刑事拘留,同年 8 月 22 日被逮捕。现羁押于××省公安厅看守所。

辩护人宦×,云南××律师事务所律师。

云南省人民检察院于 1998 年 8 月 6 日以被告人褚××犯贪污罪、巨额财产来源不明罪,被告人罗××、乔××犯贪污罪向本院提起公诉。本院受理后,依法组成合议庭,公开开庭审理了本案。云南省人民检察院检察员朱××、毛××、郑×出庭支持公诉,被告人褚××及其辩护人马×、罗×,被告人罗××及其辩护人王××、何×,被告人乔××及其辩护人宦×,证人刘××等到庭参加诉讼。本案经合议庭评议并报本院审判委员会讨论决定,现已审理终结。

起诉书对被告人褚××、罗××、乔××分别提出三项指控,法庭审理中,控、辩双方针对指控的事实、罪名及相关情节,当庭举证、质证和辩论,三被告人作了最后陈述。综合双方争议及各自理由,本院评判如下:

1.起诉书指控:1993 年至 1994 年,××卷烟厂在下属的香港××

贸易发展有限公司(简称××公司)存放销售卷烟收入款(也称浮价款)和新加坡卷烟加工利润留成收入款共计285707485美元。褚××指使罗××将该款截留到××卷烟厂和××公司的账外存放,并规定由其签字授权后才能动用。1995年6月,褚××与罗××、乔××先后两次策划将这笔款先拿出300万美元进行私分。褚××决定自己要100多万美元,给罗××、乔××每人60万~70万美元,××公司总经理盛××(在逃)、××公司副总经理刘××(另案处理)也分一点,并把钱存放在新加坡商人钟××的账户上。1995年7月15日,罗××身带褚××签字的4份授权委托书到达深圳,向盛××、刘××转达了褚××的旨意,盛××、刘××亦同意。罗××在授权委托书上填上转款数额,褚××为174万美元,罗××681061美元,乔××68万美元,盛××和刘××45万美元。罗将填好转款数额的授权委托书和向钟××要的收款银行账号交给盛××,叫盛××立即办理。7月19日,盛××将3551061美元转到钟××的账号上。罗××返回××卷烟厂后,将办理情况报告了褚××、乔××。上述款项案发后已追回。

对指控的这一事实,公诉机关当庭宣读和出示了下列证据:

1)××公司的账页,以证明××卷烟厂在××公司存放销售卷烟收入款(浮价款)和卷烟加工利润留成款共计285707485美元。褚××等人汇出的3551061美元属上述款项中的一部分。

2)被告人褚××、罗××、乔××在侦查期间的陈述,以证明三被告人预谋私分美元的经过。

3)××公司的调账凭证,××公司副总经理刘××记录的调账备注和刘××的证言,以证明被告人罗××持被告人褚××签字的授权委托书到××公司调账的经过。

4)银行转款凭证和银行收款凭证,以证明从××公司汇出款项的时间、金额及收款银行和账号。

5)新加坡商人钟××的证言,以证明被告人请××等人将款汇到他在香港汇丰银行账户存放的经过。

6)扣押款项凭证,以证明案发后款项已全部追回。

公诉机关认为,被告人褚××、罗××、乔××利用职务之便,共同私分公款,数额特别巨大,均已构成贪污罪。在共同犯罪中,被告人褚××提出犯意,起指挥作用,系主犯;被告人罗××实施转款行为,被告人乔××参与私分,均系从犯。

　　被告人褚××、罗××、乔××当庭陈述的事实与指控事实基本一致。被告人褚××提出,预谋私分美元的数额与指控贪污的数额有出入。

　　被告人请××的辩护人对指控提出三点异议:(1)各证据间反映出的数额与起诉书认定的数额存在矛盾;起诉书认定三被告人各自贪污的美元数额,只有罗××的供述,没有其他证据证实。(2)三被告人私分的是销售卷烟浮价款,属账外资金,私分的决定是集体做出的,故应定集体私分国有资产罪,指控贪污的罪名不能成立。(3)款项转到新加坡商人钟××账户,被告人并未实际占有,属犯罪未遂。

　　被告人罗××的辩护人提出,被告人褚××指使被告人罗××将3551061美元从××公司账上转到新加坡商人钟××在香港的银行账户存放,这一行为只是为三被告人私分创造了条件,款项并未按预谋的份额为各人控制,公款的性质没有改变,事后也以××卷烟厂的名义将款全部转回,故三被告人的行为属犯罪预备。

　　被告人乔××的辩护人提出,被告人乔××仅有犯意表示,没有实施犯罪行为,也没有实际占有私分的美元,指控其犯有贪污罪不能成立。

　　本院认为,指控被告人褚××、罗××、乔××共同私分公款3551061美元的基本事实清楚,基本证据充分,三被告人亦予供认。对争议的数额,本院确认三被告人在预谋私分美元时,商定褚××100多万,罗××、乔××各60万到70万,最后实际转款3551061美元的事实。

　　关于被告人褚××的辩护人提出的应当定集体私分国有资产罪的观点,本院认为,集体私分国有资产罪属单位犯罪,犯罪的主体是单位,犯罪的客观方面表现为单位决定,集体私分。被告人褚××、罗××、乔××以个人非法占有为目的,利用职务上的便利,采用秘密的方式私分公款,既不属单位行为,也不是集体私分,不符合集体私分国有资产罪的基本特征。因此,对辩护人的这一意见不予采纳。

　　关于被告人褚××的辩护人提出属犯罪未遂的观点,被告人罗××的辩护人提出属犯罪预备的观点,被告人乔××的辩护人提出乔××属犯意表示的观点,本院认为,三被告人主观上有共同私分公款的故意,客观上已将公款从××公司的银行账户转到钟××的账户,这一过程完成后,××卷烟厂和××公司都对该款失去了占有和控制,实际支配权在被告人,款项的所有权已被非法侵犯,三被告人的行为符合贪污罪的全部构成要件,属犯罪既遂,故三辩护人的意见均不予采纳。

综上所述,被告人褚××、罗××、乔××利用职务之便,共同私分公款3551061美元(按当日外汇牌价折合人民币28741577元),其行为均已构成贪污罪且数额特别巨大。在共同犯罪中,被告人褚××起主要作用,系主犯;被告人罗××、乔××系从犯。公诉机关指控的基本事实和罪名成立,本院予以确认。

2. 起诉书指控:1995年11月中旬,褚××指使罗××将××公司账外存放的浮价款银行账户及相关的资料销掉,把剩余的1150多万美元以"支付设备配件款项"的名义全额转出。褚××决定自己占有这1150多万美元,并拿给罗××一个钟××提供的用英文打印的银行收款账号,叫罗××把钱转存到该账户。罗××在褚××给的收款账号上注明1156万美元,连同褚××签字的授权委托书一起带上,到深圳找到××公司总经理盛××,叫盛××立即办理。1996年1月23日,钟××提供给褚××的账户上收到了1156万美元。上述款项案发后已全部追回。

对指控的这一事实,公诉机关当庭宣读和出示了银行转款凭证,银行收款凭证,证人罗××、刘××、钟××的证言,以证明被告人褚××指使罗××将××公司银行账户上的1156万美元转到新加坡商人钟××在境外银行开设的账户的过程,被告人褚××及其辩护人对转款的事实无异议。

被告人褚××辩解:叫罗××销掉存放浮价款的银行账户,并把账户上的余款1500多万美元全部转到钟××的账户上,是因为即将交工作,为了掩盖私分355万美元的事实;款转出后是为××卷烟厂支付购买烟丝膨胀设备款,并不是自己要。

辩护人提出,指控褚××主观上具有非法占有故意的证据不足。

公诉机关针对被告人褚××的辩解和辩护人的意见,进一步宣读和出示了下列证据:

1)罗××证言,证明"褚××说自己要1150万美元";同时证明"褚××给我一个用英文打印的银行账号用以转款"。

2)钟××证言,证明"褚××对我说要转一笔款到我账上,向我要个账号,……我专门买了个公司,开设了银行账户,把账户提供给褚××,款转到了这个账户上"。

3)合同书、付款凭证,证明被告人褚××辩解的购买烟丝膨胀设备的款项,是由其他途径支付的。

公诉机关认为,上述证据充分证实被告人褚××主观上具有非法占有的故意,辩解不能成立。因此,被告人褚××的行为已构成贪污罪。

被告人褚××对罗××、钟××的证言表示异议。辩护人提出,罗××、钟××的证言均存在重大矛盾,不能作为认定事实的根据。

法庭依法传罗××出庭作证。罗××在当庭作证时,证明褚××说过转出的美元用作赞助款和其他开支。

本院认为,被告人褚××指使罗××将××公司账户上的1156万美元转到钟××在境外的银行账户上,这一事实清楚,双方并无争议。争议的焦点是指控被告人褚××具有非法占有的主观故意,证据是否充分;争议的实质是被告人褚××的行为是否具备贪污罪的主观要件,构成贪污罪。经审查:

1)罗××的证言不能作为认定事实的根据。罗××直接实施转款行为,在这一指控中有利害关系,作为证人作证时,证言的内容前后不一,特别是出庭作证的内容与开庭前所作证言有重大变化,在重要情节上自相矛盾,对辩护人提出的质疑不能做出合理解释,没有其他证据相印证,故对罗××的证言不予采信。

2)钟××的证言亦不能作为认定事实的根据。证言中关于专门为被告人褚××转款购买公司、开设银行账户一节,经查证,在时间上、用途上均存在矛盾;关于提供给被告人褚××账号一节,有多种说法,前后不一致,没有其他证据相印证,故对钟××的证言不予采信。

3)公诉机关出示的合同书、付款凭证等证据仅能证明购买烟丝膨胀设备的款没有从转出的1156万美元中支付,不能直接证明被告人褚××非法占有的故意。由于罗××、钟××的证言不予采信,指控证据不能相互印证,形成锁链。

依照刑事诉讼法的规定,刑事诉讼中,控方负有提供证据证实犯罪的责任,证据不充分,指控不能成立。该指控中,证据反映出被告人褚××转款行为的主观故意,同时存在非法占有、购买设备或其他目的的可能性,不具有充分的排他性,因此,指控被告人褚××贪污1156万美元证据不充分,本院不予确认。

3. 起诉书指控:1995年8月至1998年7月,××市公安局和云南省人民检察院在侦查本案的过程中,先后在云南省××市、××市和河南省××市等地,扣押、冻结了褚××的货币、黄金制品、房屋以及其他贵重物品等财产,共折合人民币 521 万元,港币 62 万元。对此,褚××能说明其合法收入来源经查证属实的为人民币 118 万元。其余财产计人民币 403 万元,港币 62 万元,褚××不能说明其合法来源。经查证,也无合法来源的根据。

对起诉书指控的这一事实,公诉机关当庭出示和宣读了扣押的存款单 18 份,黄金制品 82 件,"劳力士"金表 2 块,港币 23 万元,人民币 9200 元,商品房 4 套的照片、购房协议、付款凭证及房产价值鉴定书,证人马×芳、马×衡、马×芬、李××、喻×等人的证言,以及被告人褚××合法收入的相关证明等。

公诉机关认为,被告人褚××对其巨额财产明显超过合法收入的部分,不能说明其合法来源,经查证也无合法来源的根据,其行为已构成巨额财产来源不明罪。

被告人褚××对指控证据无异议,但提出上述财产中有一部分是外商赠予的。

辩护人提出,对被告人褚××夫妇的共同财产中其妻子的合法财产应予扣除。

公诉机关针对被告人褚××及辩护人的异议,进一步说明,被告人褚××辩解的外商赠予,未能准确地陈述事实,也未能提供外商姓名、住址等查证线索,不能查证属实,辩解不能成立。对被告人褚××夫妇的共同财产中其妻子的合法财产,起诉书认定时已作扣除。

本院认为,依照法律规定,被告人褚××对其财产明显超过合法收入的部分,负有说明的责任。被告人褚××的说明和辩解没有可供查证的事实予以证明,其辩解不能成立。公诉机关的指控事实清楚,证据充分,罪名成立,本院予以确认。

此外,公诉机关还认定,被告人褚××有自首和重大立功表现,被告人罗××有立功和重大立功表现,并当庭出示了相关证据。

被告人褚××、罗××、乔××及其辩护人对上述认定均无异议。

被告人褚××的辩护人提出,褚××对××卷烟厂的发展和全省的经济发展做出过重大贡献,量刑时应充分考虑被告人褚××的功劳,从宽处理。

被告人乔××的辩护人提出,乔××具有自首情节,过去曾对××卷烟厂的发展做出较大贡献,应考虑从宽。

公诉机关针对辩护人提出的观点认为,被告人褚××以及乔××确实对××卷烟厂做出重要贡献,但功不能抵刑,在法律适用上人人平等。被告人乔××是在侦查机关已经掌握犯罪事实并向其讯问的情况下供述犯罪,不能以自首论。

　　本院审查认为:被告人褚××因涉嫌其他犯罪被采取强制措施期间,在司法机关尚未完全掌握被告人褚××、罗××、乔××共同贪污3551061美元的事实前,交代了这一犯罪事实,应按自首论;在侦查期间,检举他人重大犯罪线索,经查证属实,有重大立功表现。被告人罗××在侦查期间检举他人侵占公共财产线索,但检举的事实未追究刑事责任,立功不能成立;关于重大立功表现,指被告人罗××检举被告人褚××贪污1156万美元的重大犯罪事实,因对被告人褚××的这一指控本院不予确认,故被告人罗××的重大立功表现亦不能成立,但该行为使检察机关及时追回流失在境外的巨额国有资产,可在量刑时作为酌定从轻情节。被告人乔××在同案人已经向检察机关供述了共同犯罪事实后,侦查人员向其询问时作如实供述,不属主动投案,自首不能成立,可作为认罪态度较好的情节,酌定从轻。

　　关于辩护人提出的被告人褚××以及乔××曾对××卷烟厂做出重大贡献,应从轻处罚的辩护意见,本院认为,被告人褚××以及乔××在担任××卷烟厂领导期间,为“××”发展做出了贡献,对此,党和政府给予了政治上、物质上的荣誉和待遇,但无论功劳多大,都不能因此而享有超越法律的特权。在法律面前人人平等,任何公民犯罪都应依法受到刑事追究。我国刑法第六十一条规定,对于犯罪分子决定刑罚的时候,应当根据犯罪的事实、犯罪的性质、情节和对于社会的危害程度,依照本法的有关规定判处。被告人褚××以及乔××利用职务之便侵吞公款,数额特别巨大,依照有关司法解释,属情节特别严重,这是被告人承担刑事责任的基础,确定刑罚必须与所犯的罪行相适应。至于被告人的历史表现反映出的主观方面的情节,可在量刑时酌情考虑。

　　综上所述,本院认为,被告人褚××、罗××、乔××利用职务之便,私分公款3551061美元,折合人民币2870万元,其行为均已构成贪污罪,且数额特别巨大,情节特别严重。被告人褚××在共同犯罪中起决定、组织的作用,系主犯,应对组织、参与的全部犯罪负责,论罪应依法判处死刑。但鉴于其有自首和重大立功表现,以及赃款全部退回,经济损失已被挽回和其他情节,依法应当减轻处罚。被告人褚××同时犯有巨额财产来源不明罪,依法应当数罪并罚。被告人罗××积极参与犯罪,具体实施转款行为,作用明显,但鉴于其系从犯,案发后如实供述犯罪事实,并检举他人的违法事实,认罪态度较好等情节,依法可以减轻处罚。被告人乔××受邀参与犯罪,系从犯,在共同犯罪活动中情节较轻,案发后如实供述犯罪事实,认罪态度较好,依法可以减轻处罚。据此,本院为保护公共财产不受侵犯,维护社会主义经济秩序,严惩严重经济犯罪,根据本案各被告人犯罪的事实,犯罪的性质、情节和对社会的危害程度,依照《中华人民共和国刑法》第十二条、第三百八十二条第一款、第三百八十三条第一款第一项、第二十六条第一款、第四款、第二十七条、第六十七条、第六十八条、第六十九条和全国人大常委会《关于惩治贪污罪贿赂罪的补充规定》第十一条第一款之规定,判决如下:

一、被告人褚××犯贪污罪,判处无期徒刑,剥夺政治权利终身,并处没收财产人民币 20 万元;犯巨额财产来源不明罪,判处有期徒刑 5 年;数罪并罚,决定执行无期徒刑,剥夺政治权利终身,并处没收财产人民币 20 万元。

二、被告人褚××巨额财产中明显超过其合法收入的差额部分,价值人民币 403 万元,港币 62 万元的财产依法没收。

三、被告人罗××犯贪污罪,判处有期徒刑 14 年,并处没收财产人民币 13 万元。

四、被告人乔××犯贪污罪,判处有期徒刑 5 年,并处没收财产人民币 5 万元。

如不服本判决,可在接到判决书的第二日起 10 日内,通过本院或者直接向中华人民共和国最高人民法院提出上诉。

审判长　郑××

审判员　田　×

审判员　吕××

审判员　张××

代理审判员　黄××

人民陪审员　倪××

人民陪审员　杨××

本件与原本核对无异。

1999 年 1 月 9 日

书记员　庆×、顾×

六、一审刑事附带民事判决书

湖北省十堰市中级人民法院
刑事附带民事判决书
〔1998〕十刑初字第 28 号

公诉机关:湖北省十堰市人民检察院。

附带民事诉讼原告人:叶×群,男,一九五五年一月十七日生,汉族,小学文化程度,湖北省丹江口市人,农民,住丹江口市三官殿办事处高家沟村六组。系被害人叶根荣的父亲。

诉讼代理人:陈×仁,湖北省十堰市第一律师事务所律师。

诉讼代理人:叶×成,男,一九四九年十月八日生,汉族,小学文化程度,湖北省丹江口市人,无职业,住东汽公司五〇厂家属楼。系被害人叶根荣伯父。

被告人:傅×,男,一九八二年三月九日生,汉族,湖北省丹江口市人,学生,住丹江口市第二汽车运输公司家属楼。因本案于一九九七年十二月十九日被丹江口市公安局刑事拘留,一九九八年一月六日被逮捕。现关押在丹江口市看守所。

辩护人:刘×,湖北省丹江口市第一律师事务所律师。

附带民事诉讼被告人:傅×有(法定监护人),男,一九五七年十二月二十九日生,高中文化程度,汉族,湖北省丹江口市人,干部,住丹江口市武当酿酒厂家属楼。系被告人傅×之父。

附带民事诉讼被告人:计×梅(法定监护人),女,一九五七年三月二十一日生,汉族,初中文化程度,湖北省丹江口市人,××省××县人民法院,住丹江口市第二汽车运输公司家属楼。系被告人傅×之母。

湖北省十堰市人民检察院于一九九八年四月二十一日以被告人傅×犯故意杀人罪,向本院提起公诉。被害人叶×荣的父亲叶×群以要求傅×赔偿经济损失为由,向本院提起附带民事诉讼。本院受理后,依法组成合议庭,不公开开庭对本案进行了合并审理。湖北省十堰市人民检察院检察员梁×出庭支持公诉,附带民事诉讼原告人叶×群及其诉讼代理人陈×仁、叶×成,被告人傅×及其辩护人刘×、附带民事诉讼被告人(法定监护人)计×梅到庭参加诉讼。本案现已审理终结。

起诉书指控:被告人傅×与丹江口市三官殿办事处高家沟村六组农民叶×荣(女,殁年 14 岁)谈恋爱,遭到其母计×梅的反对,傅因此产生与叶同死的念头。一九九七年十二月十七日晚,傅×将叶×荣从红升饭店带回家中留宿。十八日上午八时许,傅将叶按在床上用手掐其颈部,致其死亡。傅×作案后企图自杀未遂。

其行为构成故意杀人罪。被告人傅×犯罪时不满十八周岁,具有法定从轻或减轻处罚情节。针对指控,被告人傅×的辩护人辩称:一、傅×系未成年人犯罪,应当从轻或减轻处罚;二、傅×的母亲报案属送子归案,系自首行为;三、傅×能坦白认罪,有悔罪表现;四、傅×属殉情而实施的犯罪行为;五、傅×的亲属能积极赔偿被害人的经济损失。以上几点辩护意见,请合议庭依法予以考虑从轻处罚。附带民事诉讼原告人叶×群要求被告人傅×的监护人赔偿原告人抚养被害人的抚养费,被害人叶×荣赡养其母的赡养费、医药费、护理费及误工费等共计人民币 8.9 万元。

经审理查明,被告人傅×一九九七年五月在其母经营的酒店与服务员叶×荣相识后,关系暧昧,并建立恋爱关系。傅×、叶×荣的恋爱关系被其母发现,便将叶辞退。叶被丹江口市红升酒店招聘为服务员,仍与被告人傅×保持联系,且关系越来越密切,并在被告人傅×家食宿。傅×的母亲对傅的行为非常气愤,坚决反对傅与叶×荣谈恋爱,阻拦傅同叶来往。傅×为达到和叶保持恋爱关系,曾先后几次以自杀对其母进行威胁。傅×的母亲则认为傅才十五岁,正在上学,早恋影响学业,持坚决反对的态度。傅×遂产生与叶×荣同死的恶念。一九九七年十二月十七日晚,被告人傅×将叶×荣从红升酒店带回家留宿。次日上午八时许,傅将叶按在床上,用双手扼住颈部,致叶×荣当即死亡。经法医鉴定,叶×荣系被他人扼颈致机械性窒息死亡。被告人傅×作案后,写好遗书,然后采用服安眠药和开放液化气的办法自杀,因其母及时发现,经送医院抢救脱险,自杀未遂。傅×被公安机关刑侦人员从丹江口市第一人民医院带回公安局刑事拘留。

上述事实,有现场勘查笔录,刑事科学技术鉴定,有被告人傅×的母亲计×梅的报案材料,有傅×的亲笔遗书并经其辨认无误,有证人计×梅及好友杨×的证言在卷佐证。傅×对杀死叶×荣的事实供认不讳。本案事实清楚,证据确实、充分,足以认定。

本院认为,被告人傅×非法故意剥夺他人生命,致人死亡,其行为已构成故意杀人罪。傅×作案时不满十八周岁,应当从轻处罚。被告人傅×的辩护人辩解称,傅×系未成年人犯罪,应当从轻或减轻处罚;傅能坦白认罪、属殉情而实施的犯罪;傅的亲属能积极赔偿被害人经济损失,上述辩解理由成立,本院予以采纳。被告人傅×的辩护人辩称,傅×的母亲报案属送子归案,系自首,该理由不符合投案自首的法定情由,故不能成立,本院不予采纳。附带民事诉讼原告人叶×群要求傅×的监护人赔偿其抚养被害人叶×荣十五年的抚养费及叶×荣赡养其母的赡养费、护理费等赔偿请求,无法律依据,本院不予支持。被告人傅×的行为给被害人家庭造成的部分经济损失及被害人叶×荣的丧葬费等应予赔偿。被告人傅×系未成年人,应由其监护人负责赔偿。依照《中华人民共和国刑法》第十七条第二款、第三款、第四十九条、第三十六条第一款之规定,判决如下:

一、被告人傅×犯故意杀人罪,判处有期徒刑十五年;

二、附带民事诉讼被告人傅×有、计×梅赔偿附带民事原告人叶×群处理被害人叶×荣后事的丧葬费、误工费等部分济损失17000元,其中傅×有赔偿3000元,计×梅赔偿14000元(已付4300元)。

如不服本判决,可在接到判决书的第二日起十日内,通过本院或直接向湖北省高级人民法院提出上诉。书面上诉的,应交上诉状正本一份,副本二份。

审判长　翟×山

审判员　谭×军

代理审判员　刘×

一九九八年五月十九日

本件与原本核对无异。

书记员　戴×龙

第三节　第二审刑事判决书

一、概　念

第二审刑事判决书,是指第二审人民法院根据当事人的上诉或者人民检察院的抗诉,依刑事诉讼法规定的第二审程序,对第一审人民法院做出的未发生法律效力的判决进行第二次审判后做出的书面决定。

　　刑事诉讼法第二百一十六条规定,被告人、自诉人和他们的法定代理人,不服地方各级人民法院第一审的判决、裁定,有权用书状或者口头向上一级人民法院上诉。被告人的辩护人和近亲属,经被告人同意,可以提出上诉。附带民事诉讼的当事人和他们的法定代理人,可以对地方各级人民法院第一审的判决、裁定中的附带民事诉讼部分,提出上诉。

　　刑事诉讼法第二百一十七条规定,地方各级人民检察院认为本级人民法院第一审的判决、裁定确有错误的时候,应当向上一级人民法院提出抗诉。

　　根据刑事诉讼法第二百二十五条规定,对第二审案件的审理,其结果有以下三种情况:(一)原判决认定事实和适用法律正确、量刑适当的,应当裁定驳回上诉或者抗诉,维持原判;(二)原判决认定事实没有错误,但适用法律有错误,或者量刑不当的,应当改判;(三)原判决事实不清楚或者证据不足的,可以在查清事实后改判;也可以裁定撤销原判,发回原审人民法院重新审判。因此,第二审刑事判决书只适用于二审改判案件。

　　第二审刑事判决书是二审人民法院对上诉或抗诉的一审刑事判决进行全面审查的书面结论,第一审判决在认定事实上是否清楚、适用法律是否正确、诉讼程序是否合法等,都要在第二审中进行审查;它纠正一审判决实体部分中的错误,依法准确地惩罚犯罪,保障无罪的人不受刑事追究;它有利于上级人民法院监督和指导下级法院的刑事审判工作,保证办案质量。

二、格　式

××××人民法院
刑事判决书
〔年度〕×刑终字第×号

　　原公诉机关:××××人民检察院

　　上诉人(原审被告人):……

　　辩护人:……

　　××××人民法院审理××××人民检察院指控原审被告人……(姓名)犯××罪一案,于××××年××月××日做出〔年度〕×刑初字第××号刑事判决,原审被告人×××不服,提出上诉。本院依法组成合议庭,公开(或不公开)开庭审理了本案。××××人民检察院指派检察员×××出庭履行职务。上诉人(原审被告人)×××及其辩护人×××等到庭参加诉讼,现已审理终结。

　　……

经审理查明,……

本院认为,……依照……的规定,判决如下:

……

本判决为终审判决。

审判长　×××

审判员　×××

审判员　×××

年　月　日

（院印）

本件与原本核对无异。

书记员　×××

三、内容与制作方法

该文书结构与第一审刑事判决书基本相同。它是按公诉案件的被告人提出上诉的模式设计的。

（一）首　部

1. 标题。其写法与第一审刑事判决书相同。无须标明审级。

2. 文书编号,即案号的简缩语,其中审判程序的代字为"终",意为刑事终审,不采用"二"或"上"字,凡第二审程序的各种刑事诉讼文书皆用"终"字。

3. 抗诉方和上诉方的称谓及基本情况。该格式是按公诉案件的被告人提出上诉而设计的,如果条件变换,首部公诉机关和主要诉讼参与人各项应作如下变动:

公诉案件——

（1）被告人的辩护人或近亲属经过被告人同意而提出上诉的,上诉人仍为原审被告人,但应将审理经过段中"原审被告人×××不服,提出上诉"一句改为"原审被告人×××的近亲属（或者辩护人）×××经征得原审被告人×××同意,提出上诉"。

被害人及其法定代理人请求人民检察院提出抗诉,检察院根据刑事诉讼法第二百一十七条规定决定抗诉的,应在审理经过段中的"原审被告人×××不服,提出上诉"一句之后,续写"被害人（或者其法定代理人）×××不服,请求××人民检察院提出抗诉。×××人民检察院决定并于×××年××月××日向本院提出抗诉"。

（2）检察机关提出抗诉的,写明:

"抗诉机关：××××人民检察院

原审被告人：……

辩护人：……"

如果在同一案件中，既有被告人上诉，又有检察机关抗诉的，其表述顺序为：

"抗诉机关：××××人民检察院

上诉人（原审被告人）：……

辩护人：……"

自诉案件——

（1）自诉人提出上诉的，表述顺序为：

"上诉人（原审自诉人）：……

原审被告人：……"

（2）被告人提出上诉的，表述顺序为：

"上诉人（原审被告人）：……

原审自诉人：……"

（3）自诉人和被告人均提出上诉的，表述为：

"上诉人（原审自诉人）：……

上诉人（原审被告人）：……"

如果自诉人有诉讼代理人，被告人有辩护人的，应分别在各自的项下增写"诉讼代理人"项或"辩护人"项。

（4）如果自诉人、被告人系未成年人，其法定代理人或指定代理人提出上诉的，仍称"上诉人"并括注其与被代理人的关系，随后续写被代理人、"原审自诉人"项或"原审被告人"项。

另外，共同犯罪案件的数个被告人中，有的上诉，有的不上诉的，前面列写提出上诉的"上诉人（原审被告人）"项，后面续写未提出上诉的"原审被告人"项。

上述主要参与人的基本情况与第一审刑事判决书相同，即上诉人为原审被告人、原审自诉人、指定代理人（法定代理人）的，写法同一审刑事判决书中的被告人、自诉人、指定代理人（法定代理人）的要求，辩护人、委托代理人写法亦如是。

对于第二审人民法院未开庭审理的，在本院依法组成合议庭之后，将"公开开庭审理了本案"，改写为"经过阅卷，讯问被告人，听取其他当事人、辩护人、诉讼代理人的意见，认为事实清楚，决定不开庭审理"。

(二)正　文

1. 案件由来和审判经过。主要写明不服原判提出上诉或者抗诉后第二审法院依法进行审理的经过。公诉案件中被告人提出上诉的,该段如格式所示,如首部的公诉机关和主要诉讼参与人项做了变动之后,案件的由来和审判经过以及其他各处,应做相应的变动。

2. 事实。包括两层内容。

第一层,首先概述原判决的基本内容,即原判认定的事实、证据、理由和判处结果;其次写明上诉、辩护方的意见;再次概述检察院在二审中提出的新意见。

第二层,由"经审理查明……"一语引起,首先写明经二审审理查明的事实;其次写明二审据以定案的证据;最后针对上诉理由中与原判认定的事实、证据有异议的问题进行分析、认证。

根据刑事诉讼法第二百二十五条第二、三项的规定,二审改判均与一审认定的事实有关;或者原判决认定事实没有错误,但适用法律有错误或者量刑不当;或者原判决认定事实不清,证据不足。因此,虽然二审刑事判决书叙述犯罪事实的原则和方法与一审刑事判决书基本相同,但仍具有自己的特点。

(1)二审刑事判决书所写的事实,必须是经二审法院全面审查认定的事实和证据,不受上诉(或抗诉)范围的限制。

(2)在叙述方法上,应详略得当,焦点明确,有较强针对性。对于无异议的事实应简要概述,有争议的事实特别是作为改判根据的事实要详叙,并针对上诉人或抗诉机关的异议提出肯定、否定的根据。如上诉或者抗诉对原判认定的事实全部否认的,应针对上诉或者抗诉的主要理由,用二审查证核实的证据材料,逐一写明案件事实,提出认定或者否定原判事实的根据和理由;上诉或者抗诉认为原判认定的事实有部分不符合的,二审应就没有争议的事实略述,有争议的详述。

3. 理由。主要是从事理和法理上阐述二审判决的理由。

根据二审查明的事实、证据和有关法律规定,论证原审法院判决认定的事实、证据和适用法律是否正确。对于上诉人、辩护人或者出庭履行职务的检察人员等在适用法律、定性处理方面的意见,应当有分析地表示是否采纳,并阐明理由。

分析论证之后引用改判的法律依据,得出下文的判决结论。

理由部分从层次安排上看,仍是首先概述二审认定的事实,即指明犯罪性质、危害等,然后论析各方意见,最后引用法律依据。

在写作特点上,和事实的叙述一样,仍应坚持加强针对性的原则,只是理由部分采用议论的表达方式,即应重点针对一审判决中的错误,针对上诉、抗诉的意见和理由，展开论证，力求精辟透彻，是非分明，重点突出。

在引用法律条款时的范围、顺序及注意事项可参考一审刑事判决书部分。

例如："本院认为，上诉人×××，在光天化日之下的公共场所，乘他人不备，抢夺钱财，且数额巨大，构成抢夺犯罪，应予依法严惩。但上诉人提出，其行抢时没有使用暴力，没有侵犯被抢人的人身权利，归案后，又能如实供出赃款隐藏的地点，使国家没有遭受经济损失，此情节属实。上诉人×××的上诉理由及其辩护人的意见，均予采纳，可依法对×××适当从轻处罚。依照《中华人民共和国刑事诉讼法》第二百二十五条第二项和《中华人民共和国刑法》第二百六十七条、第六十四条之规定，判决如下：……"这是一起抢夺案的二审刑事判决书、理由部分，针对一审定性为抢劫罪和上诉、辩护理由进行了分析论证，条理清楚，观点明确。

4. 判决结果。有两种情况，其表述方式也不相同。

第一，全部改判的，表述为：

"一、撤销××××人民法院〔　　　〕×刑初字第××号刑事判决；

二、上诉人（原审被告人）×××……（改判具体内容）

（刑期从……）。"

第二，部分改判的，表述为：

"一、维持××××人民法院〔　　　〕×刑初字第××号刑事判决的第×项，……（维持的具体内容）；

二、撤销××××人民法院〔　　　〕×刑初字第××号刑事判决第×项，即……（撤销的具体内容）；

三、上诉人（原审被告人）×××……（部分改判内容）

（刑期从……）。"

第一种格式主要针对原判认定事实、适用法律均有错误；原判认定事实没有错误，但适用法律有错误或者量刑不当；原判事实不清楚或者证据不足，二审法院已经查清；原判把无罪错定为有罪等情况而进行全部改判时使用。其表述顺序先写撤销内容，再写改判结果，不能颠倒。

第二种格式主要针对原判定罪或者量刑有错误，事实正确；原判对共同犯罪案件中的部分被告人定罪量刑有错误；原判仅对其他非刑罚的处理（如追缴、没收、退赔的赃款、赃物的处理）不当等情况，进行部分改判时使用。其表述顺序为：先写维持原判决的具体内容，再写撤销的部分，最后写明改判内容，不能颠倒或省略。其中维持或撤销部分的写法，一定要明确具体，即先写明维持或撤销原判的第几项，再表述该项具体内容。

上述两种格式分别举例如下。

第一种格式中全部改判宣告无罪的：

一、"撤销××省××市××区人民法院〔1995〕×刑初字第14号刑事判决；

二、上诉人(原审被告人)刘××无罪。"

第一种格式全部改判的：

"一、撤销××省××县人民法院〔1994〕×刑初字第20号刑事判决；

二、上诉人(原审被告人)金×犯抢夺罪，判处有期徒刑二年；

(刑期从……)

三、上诉人(原审被告人)金×违法所得人民币一万元，予以责令退赔。"

第二种格式例：

"一、维持××省××市××区人民法院〔　　〕×刑初字第×号刑事判决的第1项、第2项中的定罪部分，即上诉人(原审被告人)于×犯故意伤害罪。

二、撤销××省××市××区人民法院〔　　〕×刑初字第×号刑事判决的第1项、第2项中的刑罚部分，即撤销判处上诉人(原审被告人)于×有期徒刑×年、判处被告人李××有期徒刑×年的刑罚。

三、上诉人(原审被告人)于×犯故意伤害罪，判处有期徒刑×年。"

(三)尾　部

1. 在判决结果下方写"本判决为终审判决"，表示第二审判决一经宣告即发生法律效力，交付执行。

二审判决书的制作机关如果是高级法院，改判的结果中有判处死刑的被告人的，应依照刑事诉讼法第二百三十五条和第二百三十六条第二款的规定，由于判决并未发生效力，故在判决结果下方写："本判决由本院依法报送最高人民法院核准"，不写"本判决为终审判决"。

本判决书的制作机关如果是高级人民法院，改判的结果中有判处死刑缓期二年执行的被告人，根据《最高人民法院关于高级人民法院将死刑案件改判为死刑缓期二年执行的判决书表述问题的批复》，在判决书的尾部写明："本判决为终审判决"即可，不再另起一行续写"依照刑事诉讼法第二百三十七条的规定，本判决为核准判处×××死刑，缓期二年执行的判决"。

第二审人民法院审理上诉、抗诉案件的判决结果是在法定刑以下判处刑罚，并且依法应当报请最高人民法院核准的，在尾部写明："本判决报请最高人民法院核准后生效"。

2. 署名。只签署合议庭组成人员的名字，没有独任审判的情况。根据刑事诉讼法第二百二十三条规定，应当组成合议庭开庭审理的案件主要是：(一)被告人、自诉人及其法定代理人对第一审认定的事实、证据提出异议,可能影响定罪量刑的上诉案件;(二)被告人被判处死刑的上诉案件;(三)人民检察院抗诉的案件;(四)其他应当开庭审理的案件。对于其他二审案件,合议庭经过阅卷,讯问被告人,听取其他当事人、辩护人、诉讼代理人的意见,对事实清楚的,可以不开庭审理。

然后是签署的时间、加盖院印、书记员签名,并加盖核对章,制作方法同一审刑事判决书。

四、评改(部分改判的)

×× 省 ×× 市中级人民法院

刑事判决书

〔   〕× 刑终字第 × 号

抗诉机关:×××× 县人民检察院。

上诉人(原审被告人)周 ××,男,1940 年出生,汉族,×× 县人,×× 县东风丝织厂经营保管员,住 ×× 乡 ×× 村,×××× 年 ×× 月 ×× 日因贪污罪被拘留,同月 ×× 日被逮捕,现押于 ×× 市公安局看守所。

×××× 县人民法院审理被告人周 ×× 贪污一案,于 19×× 年 7 月 11 日做出〔19××〕× 刑初字第 80 号刑事判决。×××× 县人民检察院不同意原判,向本院提出抗诉;被告人周 ×× 不服原判,向本院提出上诉。本院依法组成合议庭,公开开庭审理了本案。×××× 人民检察院检察员齐 ×× 出庭支持抗诉,上诉人(原审被告人)周 ×× 及证人肖 ×× 等到庭参加诉讼。本案现已审理终结。

原判认定,上诉人周 ×× 利用职务之便,以伪造单据、账册,虚列材料、工资科目等手段侵吞公款,数额巨大,且在有关部门查处时继续作案,其行为已构成贪污罪,判处有期徒刑 2 年;扣押的赃款 800 元发给 ×× 县 ×× 丝织厂,其余所得赃款 500 元予以追交,准予 ×× 丝织厂在付给周 ×× 之子工资中扣除。×××× 县人民检察院以周 ×× 贪污未遂项中有"9660 元属既遂,原判认定未遂不当"及"量刑畸轻"为由提出抗诉;上诉人周 ×× 则以"无贪污的故意"等为由,向本院提出上诉。

经审理查明,上诉人周 ×× 与同厂准备车间主任周 × 明等人在 19×× 年 2 月 4 日,以他人名义私下与 ×× 县 ×× 乡丝织厂签订了联合承包协议。经××乡负责人同意,周××主动承担了该厂会计工作。周××在任职期间,以伪造记账凭证,虚增材料等手段进行贪污。其情节分述如下:

一、上诉人周××于19××年4月初,委托了××县华舍丝织二厂孙××,以该厂名义向周所在的东风丝织厂借得135D涤丝437.64公斤(毛重484公斤)转给方徐丝织厂。周××在同年4月30日记账时,分别以484公斤暂作价8000元记入材料账及应付个人借款科目中。6月21日该厂和华舍丝织二厂结清此笔货款,周××在收到此货款发票后,不将前账冲销,却于6月30日以净重437.64公斤涤丝在材料科目中重记,并自4月8日提留了所谓个人借款8000元的利息280元,记在应付个人借款利息(投资)科目中;同时散布投资8000元之言。当有关部门查账前夕,周××将账册科目中的"个人"涂改为"单位"、"投资"涂改为"提取"。

二、上诉人周××于19××年5月31日伪造了从华舍丝织二厂借入涤丝4776公斤,金额为814308元的记账凭证。在分类账的应付科目中虚增了该笔货款,并将此材料在凭证上虚造转耗,摊入成本。

三、上诉人周××于19××年3至9月间,虚列了其岳母胡××和师傅尤××两人工资1680元,在分类账中作为应付工资提留。于同年8月,周××以胡××名义,领取现金300元。此外,周××与周×明密商虚列职工3名,每人每月工资350元在应付款账中提留。

四、上诉人周××与周×明在有关部门查处令其清理货款时,于19××年4月3日,侵吞了××县狭湖纺织厂付给方徐丝织厂的货款2000元,周××得1000元。综合上述,周××单独贪污18100.08元。其中既遂300元,未遂17800.08元;伙同他人贪污2000元,分得赃款1000元。案发后,周××退赃款800元。

本院认为,上诉人周××利用会计职务之便,以伪造单据、账册、虚列材料、工资科目等手段侵吞公款,数额巨大,并在有关部门查处时继续作案,其行为已构成贪污罪。但其侵吞公款极大部分未遂,可予从轻处罚。××县人民检察"应定既遂"的抗诉理由不足,不予采纳;周××"无贪污故意"的上诉理由纯属狡辩,应予驳回。原审判决定罪正确,审判程序合法,唯认定犯罪预备和适用法律不当,以致量刑畸轻。依照《中华人民共和国刑事诉讼法》第一百八十九条第二项和《中华人民共和国刑法》第一百五十五条、第二十条之规定,判决如下:

一、维持××××县人民法院〔19××〕×刑初字第80号刑事判

决的第一项的定罪部分,即被告人周××犯贪污罪;

二、撤销××××县人民法院〔1985〕×刑初字第 80 号刑事判决第一项的量刑部分,即判处被告人周××有期徒刑 2 年;

三、上诉人(原审被告人)周××犯贪污罪,判处有期徒刑 5 年。

本判决为终审判决。

> 审判长　×××
> 审判员　×××
> 审判员　×××
> ××××年××月××日
> （院印）

本件与原本核对无异。

> 书记员　×××

第四节　民事判决书

一、概　念

人民法院在民事诉讼中,为解决具体的民事权利义务的争议,就案件的实体问题依法制作的具有法律效力的文书。

二、种　类

按照审判所适用的程序不同,可分为第一审民事判决书、第二审民事判决书、再审民事判决书以及适用特别程序的民事判决书和公示催告程序的除权判决书等。

本节主要介绍第一审民事判决书和第二审民事判决书的制作。

三、格　式

(一)一审民事判决书

××××人民法院

民事判决书

〔　　〕×民初字第××号

原告＿＿＿＿＿＿＿(写明姓名或名称等基本情况)

法定代表人(或代表人)_____(写明姓名和职务)

法定代理人_____(写明姓名等基本情况)

委托代理人_____(写明姓名等基本情况)

被告_____(写明姓名或名称等基本情况)

法定代表人(或代表人)_____(写明姓名和职务)

法定代理人(或指定代理人)_____(写明姓名等基本情况)

委托代理人_____(写明姓名等基本情况)

第三人_____(写明姓名或名称等基本情况)

法定代表人(或代表人)_____(写明姓名和职务)

法定代理人(或指定代理人)_____(写明姓名等基本情况)

委托代理人_____(写明姓名等基本情况)

……(写明当事人的姓名或名称和案由)一案,本院受理后,依法组成合议庭(或依法由审判员×××独任审判),公开(或不公开)开庭进行了审理。……(写明本案当事人及其诉讼代理人等)到庭参加诉讼。本案现已审理终结。

原告×××诉称,……(概述原告提出的具体诉讼请求和所根据的事实与理由)

被告×××辩称,……(概述被告答辩的主要内容)

第三人×××述称,……(概述第三人的主要意见)

经审理查明,……(写明法院认定的事实和证据)

本院认为,……(写明判决的理由)。依照……(写明判决所依据的法律条款项)的规定,判决如下:……(写明判决结果)。……(写明诉讼费用的负担)

如不服本判决,可在判决书送达之日起十五日内,向本院递交上诉状,并按对方当事人的人数提出副本,上诉于××××人民法院。

审判长　×××

审判员　×××

审判员　×××

××××年××月××日

(院印)

本件与原本核对无异。

书记员　×××

(二)二审民事判决书

××××人民法院

民事判决书

〔　　　〕×民终字第××号

上诉人(原审××告)＿＿＿＿＿(写明姓名或名称等基本情况)

被上诉人(原审××告)＿＿＿＿＿(写明姓名或名称等基本情况)

第三人＿＿＿＿＿(写明姓名或名称等基本情况)

(当事人及其他诉讼参加人的列项和基本情况的写法,除双方当事人的称谓外,与一审民事判决书样式相同)

上诉人×××因……(写明案由)一案,不服××××人民法院〔××××〕×民初字第××号民事判决,向本院提起上诉。本院依法组成合议庭,公开(或不公开)开庭审理了本案。……(写明当事人及其诉讼代理人等)到庭参加诉讼。本案现已审理终结。(未开庭的,写:"本院依法组成合议庭审理了本案,现已审理终结。")

……(概括写明原审认定的事实和判决结果,简述上诉人提起上诉的请求和主要理由;被上诉人的主要答辩,以及第三人的意见。)

经审理查明,……(写明二审认定的事实和证据)

本院认为,……(根据二审查明的事实,针对上诉请求和理由,就原审判决认定事实和适用法律是否正确,上诉理由能否成立,上诉请求是否应予支持,以及被上诉人的答辩是否有理等,进行有分析的评论,阐明维持原判或者改判的理由)。依照……(写明判决所依据的法律条款项)的规定,判决如下:

……(写明判决结果)。分四种情况:

第一,维持原判的,写:"驳回上诉,维持原判。"

第二,全部改判的,写:

"一、撤销××××人民法院〔　　　〕×民初字第××号民事判决;

二、……(写明改判的内容,内容多的可分项书写)。"

第三,部分改判的,写:

"一、维持××××人民法院〔　　　〕×民初字第××号民事判决的第×项,即……(写明维持的具体内容);

二、撤销××××人民法院〔　　　〕×民初字第××号民事判决的第×项,即……(写明撤销的具体内容);

三、……(写明部分改判的内容,内容多的可分项书写)。"

第四,维持原判,又有加判内容的,写:

一、维持××××人民法院〔　　〕×民初字第××号民事判决;

二、……(写明加判的内容)

……(写明诉讼费用的负担)。

本判决为终审判决。

审判长　×××

审判员　×××

审判员　×××

××××年××月××日

(院印)

本件与原本核对无异。

书记员　×××

四、内容和制作方法

格式(一)是第一审法院对受理的民事、经济纠纷案件,经按法定程序审理终结后,根据已经查明的事实、证据和有关的法律规定,就案件的实体问题做出处理决定时使用的民事判决书。

格式(二)是第二审人民法院对当事人不服第一审判决提起上诉的民事、经济纠纷案件,依照第二审程序审理终结,依法做出维持原判或者改判决定时制作的文书。

这两种判决书由首部、事实、理由、判决结果和尾部等五部分组成。

(一)首　部

首部依次写明标题、案号、诉讼参加人及其基本情况,以及案件由来、审判组织和开庭审理过程等,以体现审判程序的合法性。标题中的文书种类,无论是一审判决还是二审维持原判、予以改判,均使用"民事判决书"。

案号由年度和制作法院、案件性质、审判程序的代字以及案件的顺序号组成。除审判程序外,二审民事判决书与一审民事判决书相似,前者用"终"表示,后者用"初"表示,如山东济南市中级人民法院1993年受理的第40号二审民事案件的案号应写为"〔1993〕济民终字第40号"。

诉讼参加人及其基本情况的写法,一审民事判决书同一审民事调解书。同时注意,应当把符合条件的未成年人列为当事人,不要把死亡人列为当事人,共同诉讼的案件,不要遗漏了共同诉讼人,不要把不符合第三人条件的错列为第三人。

　　二审民事判决书中当事人的称谓,一般应写为"上诉人""被上诉人",并用括号注明其在原审中的诉讼地位。原审中有第三人的,提出上诉的应写为"上诉人",未提出上诉的仍写"第三人"。双方当事人、第三人都提起上诉的,可并列为"上诉人",并依原审中的顺序排列。对于必要共同诉讼中共同诉讼人中的部分当事人提出上诉的,除提出上诉的写为"上诉人"外,其他当事人的称谓可依下列写法标明:①如果该上诉是对己方与对方当事人之间权利义务分担有意见,不涉及己方其他共同诉讼人利益的,对方当事人为被上诉人,未上诉的己方其他共同诉讼人依原审诉讼地位写明;②如果该上诉仅对己方共同诉讼人之间权利义务分担有意见,不涉及己方与对方当事人利益的,未上诉的己方其他共同诉讼人为被上诉人,对方当事人依原审诉讼地位写明;③如该上诉对双方当事人之间以及共同诉讼人之间权利义务承担均有意见的,未提出上诉的其他当事人均为被上诉人。无民事行为能力人或限制民事行为能力人的法定代理人或者指定代理人代为当事人提起上诉的,仍应将无民事行为能力人或限制民事行为能力人列为"上诉人"。上诉案件的当事人有诉讼代理人的,应分别在所代理的当事人项下另起一行写明。

　　民事诉讼法规定的第一审程序,包括普通程序、简易程序和特别程序三种。简易程序由审判员一人独任审判,特别程序一般也施行独任审理,特别程序实行一审终审,普通程序则实行合议制审判组织形式。

　　第二审人民法院对上诉案件,应当组成合议庭,开庭或不开庭审理。

(二)事　实

　　一审民事判决书的事实部分应写明当事人的请求、争议的事实和理由,法院认定的事实和理由,法院认定的事实及证据。

　　1. 当事人的诉讼请求以及争议的事实和理由,主要是通过原告、被告和第三人的陈述来表述。先写"原告×××诉称:……",再写"被告×××辩称:……"以及"第三人×××述称:……",集中反映当事人的真实意思表示,明确争执发生的原因和经过、纠纷的焦点,以与后文各部分的叙事、说理和判决结果紧密联系,前后呼应。叙述时可以直接摘引各方当事人的原话,以示判决的公正可信,语句要简练精当,内容须概括明确,要善于对双方当事人的诉称和答辩进行适当的选择和提炼,力戒啰唆重复、抓不住重点的弊病。

　　如果当事人在诉讼过程中有增加或者变更诉讼请求的,或者提出反诉的,应当一并写明。

　　2. 法院认定的事实主要包括:①当事人之间的法律关系,发生法律关系的时间、地点及法律关系的内容;②产生纠纷的原因、经过、情节和后果。叙述方法上一般采用顺叙法,即依时间顺序,客观、全面真实地反映案情,过程可以概述,但应突出焦点,详述主要情节和因果关系。

这样在叙述双方争执要点的基础上,写出法院查证的事实,不仅讲清了双方当事人争执的要点,而且将法院查证的事实与之相对照,使判决的事实部分条理清晰,责任分明,使人一看就明白双方的是非所在,为下文论证判决理由奠定了基础。二审民事判决书的事实部分主要包括以下三方面内容:

1. 一审判决认定的事实和判决结果。此段文字应简明概括,既要客观、真实地反映一审判决的情况,使一、二审程序相互衔接,为二审判决打下基础,又要掌握为二审判决服务这个方向,不能喧宾夺主。

2. 上诉人、被上诉人以及第三人的观点。这一层次也要简洁明了,力避文字冗长。上诉人提起上诉的请求和理由是引起二审程序的原因,应抓住要点加以概括,被上诉人的答辩以及第三人的意见也要加以说明,以全面反映诉讼参加人的真实意思。

3. 二审判决认定的事实和证据。该段内容是二审做出实体处理,即维持原判或者改判的事实根据,在写作方法上具有明显的上诉审特点,即要针对上诉人提出的问题进行重点叙述,并运用相应的证据材料进行分析甄别。要交代清楚有关民事法律关系的诸要素,注意详略得当。针对一审法院认定事实以及上诉人的上诉请求等情况,具体可采用下列方法制作二审判决书认定的事实和证据:

①原判决认定的事实清楚,上诉人又无异议的,可以简叙。如离婚案件中,一审判决后,上诉人仅对财产分割有意见,且经二审审查一审判决认定的事实没有问题,那么二审事实的认定就可以简要叙述,而将二审对财产分割问题放在理由部分重点阐述。

②原判决认定的主要事实或者部分事实有错误的,对改变认定的事实要详叙,并运用证据,指出原判认定事实的不当之处。例如离婚案件中如一审判决对双方当事人的婚姻基础、婚后感情、离婚原因和调解情况等事实的认定没有错误,但是,对于一方当事人在外所欠债务是否成立、是否属于为夫妻家庭共同生活所负债务的认定确有错误,且当事人也对此提出了异议,那么前者可以简叙,后者则应详述。

③原判认定事实有遗漏的,则应补充叙述。例如合同纠纷案件中,一审判决中对一方当事人在履行合同时的违约责任客观地加以叙述,但却忽略了另一方当事人自身的责任,那么二审判决书中,对这些所遗漏的事实就应补充叙述。

④原判决认定的事实没有错误,但上诉人提出了异议,应把有异议的部分叙述清楚,并应针对性地列举相关的证据进行分析,论证异议不能成立。

　　认定事实的证据要有分析地进行列举,既可以在叙述纠纷过程中一并分析列举,也可以单独分段分析列举。不论是哪种民事判决书,在事实的叙述上都应注意:判决认定的事实,必须是经过法院审查属实而予以确认的,否则不要写入;注意保守国家机密,保护当事人的声誉,隐私情节不作描述。

(三)理　由

　　这一部分应写明判决的理由和判决所依据的法律,它是联结事实和主文的桥梁。民事判决书理由部分的写法与刑事判决书有原则的区别。刑事判决书理由部分对被告人的犯罪事实采用揭露和批判的方法,而民事判决理由部分则采用摆事实讲道理、说服教育的方法,文字语气要平和,是说服而非压服。

　　一审民事判决书的理由,要根据认定的事实和有关法律、法规和政策,来阐明法院对纠纷的性质、当事人的责任以及解决纠纷的看法。说理要有针对性,要根据不同案件的具体情况,针对当事人的争执和诉讼请求,摆事实,讲法律,讲道理,分清是非责任。诉讼请求合法有理的予以支持,否则不予支持。对违法的民事行为应当严肃指明,必要时给予批驳,做到以理服人。

　　二审民事判决书的理由部分尤其强调有针对性和说服力,防止照抄原判理由,或者公式化的套话。要围绕原审判决是否正确、上诉是否有理进行评论。根据案情在判决理由部分采取不同的方法表述:①原判正确上诉无理的,要明确指出上诉理由不当的原因和原判正确的理由;②原判不当、上诉有理的,应阐明原判决不正确的具体内容,上诉请求和理由符合什么法律、政策的规定,改判的理由是什么;③原判决部分正确或者上诉部分有理的,要分别具体阐明原判决和上诉意见哪部分正确,哪部分不正确,理由何在,应当怎样正确判处,等等。理由部分内容较多的,可以分层次分问题进行论证。

　　判决所依据的法律、法规,引用时应准确、完整、具体。凡是特别法中有明文规定的,应当援引特别法,无须再援引普通法;特别法没有规定的才援引普通法;援引法律条款应当按照条、款、项、目的顺序写明,避免缺漏现象,在遇到适用多个法律情况时,援引法律必须完整,既要引用实体法又要引用程序法的,一般应先引程序法后引实体法。

　　二审民事判决书中驳回上诉,维持原判的,只需引用程序法即民事诉讼法第一百五十三条第一款第一项;全部改判或者部分改判的,首先引用民事诉讼法的有关条款,然后引用改判所依据的实体法的有关条款。

(四)判决结果

　　判决结果是对案件实体问题做出的处理决定。判决结果要明确、具体、完整,根据确认之诉、变更之诉或给付之诉的不同情况,正确地加以表述。例如给付之诉,要写明标的物的名称、数量或数额、给付时间以及给付方式。给付的财物,品种较多的可以概写,详情另附清单。需要驳回当事人其他之诉的,可列为最后一项书写。表述语言应规范准确、清楚无误。

二审的判决结果,是对当事人争议的实体问题做出的终审结论。主要包括两个方面的内容:一是对原审判决明确表态是维持还是撤销,维持哪几项、撤销哪几项;二是对改判或加判的内容,要区别确认之诉、变更之诉、给付之诉等不同情况,做出明确、具体的处理决定,但不必冠以"改判""加判"的字样。如果原判在认定事实上和适用法律上均无错误,二审根据该案具体情况,只对原判某一项确定的具体数额有所变动的,可不采取先撤销再改判的写法,而直接写:"变更××××人民法院〔   〕×民初字第××号民事判决第×项的……为……"即可。

(五)尾　部

尾部应根据格式要求制作。一审民事判决书主要包括诉讼费用的负担,当事人的上诉权利、上诉期限和上诉法院名称以及合议庭成员署名和判决决定日期等。其中诉讼费用一项,不属于诉讼争议的问题,故不列入判决结果的内容之中,应在判决结果后另起一行写明;上诉人提交上诉状副本的份数,应根据具体案件的对方当事人的人数来定;尾部署名时,组成合议庭的,由合议庭成员审判长和审判员共同署名;独任审判的,由独任审判员署名。助理审判员参加合议庭或独任审判的,署代理审判员。人民陪审员参加合议庭的,署人民陪审员。院长、庭长参加合议庭审判的案件,由院长、庭长担任审判长。二审判决书尾部应写明二审诉讼费用的负担、"本判决为终审判决"、合议庭成员署名和判决日期等。其中诉讼费用的负担,如二审维持原判的,只写明二审诉讼费用由上诉人或是被上诉人负担;如二审改判,除了要写明二审诉讼费用的负担外,还要写明对一审诉讼费用的负担是否进行变更或调整。"本判决为终审判决",这是由我国实行的两审终审制决定的。二审法院审理上诉案件应组成合议庭进行,因而尾部署名不会出现独任审判的情况。

五、评　改

一审民事判决书

××省××市××区人民法院
民事判决书
〔19××〕××民初字第 18 号

原告：金××，女，1970 年 4 月 2 日出生，汉族，农民，住××市××区×镇×村。

委托代理人：杜××，××市××区律师事务所律师。

被告：王××，男，1969 年 7 月 19 日出生，汉族，农民，住××市××区××镇×村。

委托代理人：张××，××市××区律师事务所律师。

原告金××诉被告王××解除非法同居关系纠纷一案，本院受理后，依法组成合议庭，公开开庭进行了审理。原告金××及其委托代理人杜××、被告王××及其委托代理人张××到庭参加诉讼。本案现已审理终结。

原告金××诉称，要解除与被告王××的非法同居关系，并分割共同财产。

被告王××辩称，原告与被告的非法同居关系已经解除，财产也已经分割完毕，原告起诉无理。

经审理查明，1987 年 3 月原告、被告双方经人介绍相识后，即非法同居。同居后双方到市里做买卖蔬菜生意。1988 年 12 月底，原、被告回到××村在原告家中居住。1991 年 3 月到被告家中居住，与被告父母分居生活。在此期间，原、被告于 1989 年 3 月买潍坊产 12 马力拖拉机一部搞运输。外欠原、被告运输费 800 元，后双方将拖拉机卖给关××，卖价 5000 元，关××除付部分款外，尚欠原、被告 1700 元。1991 年春，原、被告建北屋 8 间，厕所、厨房、大门各一间，原、被告投资4000 元。建房后，原、被告因家务琐事发生矛盾，原告回到娘家居住。后经协商，被告给原告自行车一辆，现金 2500 元，原告收下后，鉴于同居后的共同财产分割不均，故诉至本院。原、被告双方同居前无任何财产。同居后共同购置了 250 型摩托车一辆，方桌一张，椅子两把，石英钟一个，双人床一张，凳子两个，黑白电视机一台，单铧犁一个，被子两床。

本院认为,原、被告未达法定婚龄即同居,其行为是违法的,非法同居关系应予解除。原告要求分割财产的诉讼请求应予支持。原、被告所建房屋,部分费用属被告的父母投资,被告应适当多得。原、被告投资的 4000 元视为共同财产。根据有关民事法律政策之规定,判决如下:

一、解除原告金××与被告王××的非法同居关系。

二、原、被告所建房屋和同居期间的共同财产及债权归被告所有;所欠债务由被告偿还;被告付给原告共同财产折价款 5500 元(包括已付给原告的 2500 元),剩余 3000 元限被告于本判决生效之日起 10 日内一次付清。

案件受理费 50 元,原、被告各负担 25 元。

如不服本判决,可在接到判决书之日起 15 日内,向本院递交上诉状,并按对方当事人的人数提出副本,上诉于××省××市中级人民法院。

审判长　齐××

代理审判员　姜××

人民陪审员　李××

××××年××月××日

本件与原本核对无异。

书记员　×××

律师实务法律文书

第七章　律师实务文书概述

第一节　概　述

律师实务文书,是指律师在开展业务活动过程中,根据事实和法律规定,制作和使用的具有法律意义的各种法律文书的总称。这一概念明确了三方面内容:①律师实务文书是律师在开展业务活动过程中制作和使用的文书。②制作律师实务文书必须依据事实和法律规定。③律师实务文书的特点是具有法律意义。

根据《中华人民共和国律师法》的规定,律师的职责是依据事实和法律为当事人提供法律服务,维护当事人的合法权益。律师为当事人提供法律服务,在大多数情况下要制作相应的法律文书,以实现维护法律、维护当事人合法权益的目的。因此,对律师使用的文书有严格的要求,部分重要的律师实务文书已由司法机关规定了统一的制作格式,其他律师实务文书虽无统一格式,也有约定俗成的书写规格。

律师通过制作文书,把当事人的意志用文字形式表达出来,既为当事人进行诉讼提供了依据和凭证,也为司法机关正确审理案件提供了有利条件。具体地说,律师实务文书主要具有以下几个方面的功能:①有利于维护当事人的合法权益;②有利于诉讼程序的顺利进行;③有利于宣传社会主义法制;④有利于完整地记录全部诉讼活动。

第二节　律师实务文书的分类

司法实践中,律师实务文书范围广泛,种类繁多,内容也各不相同。根据不同的标准,可以进行不同的分类。

根据文书性质的不同,律师实务文书可以分为诉讼文书和非诉讼文书。诉讼文书是指律师参与诉讼活动制作的法律文书,如诉状类文书、代理词、辩护词等。非诉讼文书是指律师参与非诉讼法律事务活动制作的法律文书,如出具律师意见书、代书遗嘱、代签合同等。

根据文书制作主体的不同,律师实务文书可以分为律师代书的文书和律师自用的文书两大类。律师代书的文书是指律师根据委托人的委托,代替委托人书写的相应的法律文书,如起诉状、答辩状、申请书等,其制作主体为委托人。律师自用的文书是指律师接受当事人的委托,作为代理人或辩护人参加诉讼而以律师名义书写的法律文书,如辩护词、代理词等,其制作主体为律师。

其中诉状类文书,又称"状子"。它是指在刑事、民事(包括经济)、行政诉讼过程中,公民、法人与其他组织等为维护自身的权益,行使诉讼权利,依法向人民法院递交的书面请求。

诉状属于民用法律文书,是非规范性法律文书之一,它不是严格意义上的司法文书,因为其制作主体并非是司法机关。但是它的出现往往是审判文书的开端,因此是法院诉讼文书的一部分,与人们的实际生活密切相关。

根据案件性质来分,诉状包括民事诉状、刑事诉状、行政诉状三大类。其中经济纠纷、劳动纠纷和海事、海商等案件的诉状均属于民事诉状。各类诉状又因具体内容不同分为起诉状、答辩状、上诉状、反诉状、申诉书(状)和有关诉讼问题申请书等。

诉状的语言同样要做到准确、凝练、简洁、客观,叙述要实事求是,不能夸大或缩小,不能掺杂个人的感情色彩,力避采用文学的形象性表达方式,论证应言之有据,鞭辟入里,具有严密的逻辑关系,做到无懈可击。

第八章　律师诉讼类文书

第一节　民事起诉状

一、概　念

民事起诉状,是指公民、法人或其他组织,在认为自己的合法权益受到侵害或者与他人发生争议时或者需要确权时,向人民法院提交的请求人民法院依法裁判的法律文书。

法人、其他经济组织、个体工商户、农村承包经营户之间的经济纠纷与民事纠纷适用同一程序,即我国的民事诉讼法,因而因经济纠纷提起的起诉状,通常叫经济起诉状,也可统称民事起诉状,其制作方法是相同的。

根据我国民法通则、经济合同法、民事诉讼法以及处理民事法律关系的其他法律法规的规定,人民法院主管的民事案件,可归类如下:①由民法所调整的财产关系和与财产相联系的人身关系所发生的争议;②由婚姻法、继承法、收养法等所调整的婚姻家庭、继承、收养关系所发生的争议;③由经济法律、法规所调整的经济关系所发生的按照民事诉讼程序审理的争议;④由其他法规所调整的其他法律关系所发生的并按照民事诉讼程序审理的争议。

另外行政诉讼使用的诉状也同民事起诉状。

二、格　式

公民、法人和其他组织提起民事、行政诉讼时采用通用的格式。根据现行《中华人民共和国民事诉讼法》第一百二十一条规定,起诉状应当记明下列事项:(一)原告的姓名、性别、年龄、民族、职业、工作单位、住所、联系方式,法人或者其他组织的名称、住所和法定代表人或者主要负责人的姓名、职务、联系方式;(二)被告的姓名、性别、工作单位、住所等信息,法人或者其他组织的名称、住所等信息;(三)诉讼请求和所根据的事实与理由;(四)证据和证据来源,证人姓名和住所。

起诉状

原告……（原告的基本情况，包括姓名、性别、年龄、民族、职业、工作单位、住所、联系方式，法人或者其他组织的名称、住所和法定代表人或者主要负责人的姓名、职务、联系方式）

被告……（被告的基本情况，姓名、性别、工作单位、住所、联系方式等信息，法人或者其他组织的名称、住所、法定代表人姓名和联系方式等信息）

诉讼请求：

事实与理由：

………

此致
××××人民法院

起诉人　×××
××××年××月××日

附：本诉状副本××份

三、内容和制作方法

（一）首　部

依次写明文书名称和当事人基本情况。文书名称写"起诉状"即可，忌画蛇添足写成"民事起诉状"或"行政起诉状"等。当事人的基本情况应区别自然人、法人和其他组织的不同情况。

格式1：原告、被告是自然人的，应写明姓名、性别、出生年月日（对被告出生年月日确实不知的，可写其年龄）、民族、出生地、职业或工作单位和职务、住址或经常居住地、联系方式等。

格式2：原告、被告是法人、组织或行政机关的，要写清其名称和所在地，法定代表人姓名、职务和联系方式。

原告如有委托代理人的，则还应写明委托代理人的基本情况（委托代理人的姓名、性别、工作单位、联系方式、与原被告的关系等。如是律师，通常要求写明×××律师事务所律师、执业证号和联系电话）。

（二）正　文

依次写明诉讼请求、事实与理由、证据和证据来源、证人姓名和住址。

1.诉讼请求。写明提起诉讼请求的标的，即请求法院依法解决有关民事权益争议的具体问题,如要求解决损害赔偿、要求离婚、要求履行合同、要求撤销某项行政处罚等。语言要明确、简练,合理合法。

2. 事实与理由。包括叙事和说理两层内容。诉讼请求相当于提出的论点,而事实和理由就是为论点服务的事实和法律论据。

事实部分主要写明被告侵权行为的具体情况。

首先,应交代清楚原、被告之间的关系,如离婚案件当事人之间为夫妻关系等,以便于了解纠纷的起因和经过。

其次,写明当事人双方争议的焦点和实质性分歧,这是事实部分的核心。例如请求离婚的起诉状,叙事的重点就在于用典型、具体、有力的事实材料说明当事人"双方感情已经破裂",因此,"凡是能够说明感情确已破裂"的材料都可以写进事实部分。在叙述方法上可采取顺叙法,一般应先写明结婚时感情状况,即双方何时结婚,是自由恋爱,还是经人介绍相识,结婚时感情基础如何;然后写婚后感情变化情况,即双方何时因何产生感情隔阂,以至进一步恶化,如何发展到破裂地步,以客观地再现感情演变过程;最后说明被告应承担的责任,如原告有一定责任,亦应如实说明。

事实部分一般只叙述不议论,即只摆事实,为下文的议论说理铺垫基础。

理由部分主要写明认定被告侵权和违法行为的性质、后果、应负的责任和提出请求要求判决的法律根据。可分两个层次进行,首先针对事实从法理上加以概括,然后引用相应的法律条款。事实理由不能是对前面案情的重复,而是对全部事实从法理角度进行高度概括,以分析纠纷的性质,说明是非曲直,分析危害后果以及应负责任。引用法律条款要与事实相符,准确、完整,即根据不同性质的案件,援引有关的法律条款阐明起诉理由。如婚姻纠纷与继承纠纷案件,可以援引民法通则有关条款。

3. 证据和证据来源,证人姓名和住址。写法与刑事自诉状同。

(三)尾　部

尾部写明起诉状应当送交的人民法院,"此致,×××人民法院",以及起诉人的签名,撰写起诉状的时间。可以添加附项,在附项中注明递交起诉状的副本数。

四、评　改

起诉状

原告:冯××,男,1961 年 4 月 2 日出生,汉族,山东省××市××

区人,农民,现住××区×镇×村。

被告:杨××,女,1962年9月20日出生,汉族,山东省××市人,农民,住济南市××区×镇×村。

诉讼请求:

1. 依法解除婚姻关系;

2. 婚生男孩冯×与原告共同生活,由被告承担抚育费;

3. 财产依法分割。

事实和理由:

1981年9月,我与被告杨××经人介绍相识,于1983年10月6日结婚,婚前关系融洽,婚后感情一般。1984年9月15日生一男孩冯×。同年11月我外出作木工,被告在家料理家务,后因被告有作风问题被我发现致使双方感情产生隔阂,并经常为此争吵打架。1991年旧历腊月15日被告与人私奔,经多方寻找才在八里洼发现被告,我乘车前去接她,但她执意要留在娘家而不肯回家,后经本村村民郑×、赵×说合,被告在索要了500元现金的条件下才于1992年正月20日回家。回家后被告仍不思家务,置丈夫与孩子于不顾,又于1992年2月20日借口去××市给小孩儿买衣物为名,从家中拿走现金200元再次出走,次日我组织人员四处查寻,但至今音信皆无。

被告杨××屡次抛弃家庭、孩子出走的行为,已严重伤害了夫妻之间的情感,影响了孩子的健康成长,导致夫妻感情的完全破裂,根据《中华人民共和国婚姻法》第二十五条、第三十条、第三十一条之规定,特向人民法院提起诉讼,请求依法判决。

　　　此致

××区人民法院

　　　　　　　　　　　　　　　　起诉人　冯××

　　　　　　　　　　　　　　　　1993年11月10日

附:起诉状副本1份

第二节　答辩状

一、概　念

答辩状是指民事或行政诉讼的被告(或被上诉人、被申诉人)针对起诉(或上诉、申诉)做出回答和辩驳时所使用的书状。

根据案件的性质,答辩状可分为民事答辩状和行政答辩状。民事答辩状又因答辩人不同而分为公民对民事起诉提出的答辩状和法人或其他组织对民事起诉提出的答辩状。

二、格式、内容和制作方法

答辩状的格式比较简单,除了首部当事人情况有所变化外,其余项目在民事答辩状和行政答辩状中皆同。

(一)首　部

1. 标题。"民事答辩状""行政答辩状"根据案件性质而定,但不能只写作"答辩状"。

2. 答辩人情况。此项内容民事答辩状和行政答辩状写法不同。

民事答辩状中,如果是公民提出答辩的写"答辩人:姓名、性别、出生年月日、民族、出生地、职业或工作单位和职务、住址等";如果是法人或其他组织提出答辩的,写为:

"答辩人名称:……

所在地址:……

法定代表人(或代表人)姓名、职务、电话:……

企业性质:……

工商登记核准号:……

经营范围和方式:……"

如果是行政答辩状,则写为:

"答辩人名称:……

所在地址:……

代表人姓名:……

职务:……

电话:……"

(二)正　文

民事答辩状和行政答辩状,均由"因……一案,提出答辩如下:……"一句引起答辩的理由。

答辩,是一种应诉法律行为,提出答辩状是法律赋予被告、被上诉人或被申诉人的一种诉讼权利。被告、被上诉人或被申诉人,通过提出答辩状,向人民法院表明自己的态度和意见,以维护自己的合法权益。同时也有助于人民法院全面了解案情,查明事实真相,分清是非曲直,公正地审理案件。因此,答辩状正文应针对起诉状中那些与事实不符、证据不足、缺少法律依据等内容,进行重点突出的系统辩驳;与此同时,要申诉自己的理由和观点,提出证据,阐明法律依据,从事理、法理两方面反驳对方的观点,确立己方的理由,以处于不败之地。

答辩状在写作方法上相当于一篇驳论文,故多运用反驳论证的手段,极具针对性地抓住诉状或上诉状中的要害,集中反驳,深入分析。答辩理由一般分以下三个层次展开论证。

首先,针对被控事实或上诉理由明确表态。对被控事实符合实际的要予以承认,也可以回避不谈。

其次,是针对不符合实际的事实、证据等分别予以辩驳。这是正文的重点层次。在起诉状、上诉状或申诉状中提出的事实和证据,一般有以下四种情况:①事实、理由、请求,都合理合法,对此,可放弃答辩。②部分事实和证据是虚假的,应针对虚假事实予以驳斥,以真实情况纠正之。③事实客观存在,但曲解法律;请求不合法的,应以相应的正确法律条款加以反驳。④事实和证据全是虚假、歪曲的,则应补充事实,逐一澄清。除第①种情况可以放弃答辩、寻求和解外,其余三种情况都要进行答复或辩解。答辩时可先扼要地摘引对方原话,即抓住诉状中错误之处作为反驳的论点,然后进一步列举实情,以此为论据进行反驳,整个反驳的过程要事理与法理相契合,形成一个严密的逻辑论证系统,力求无懈可击。最后,引用有关法律条款的规定,证明自己的观点正确、意见合法,并总括答辩的目的。

答辩理由部分还要考虑到有没有可以提起反诉的内容,如有则应在反驳的同时,着重指出不是被告、被上诉人或被申诉人侵犯了原告、上诉人或申诉人的合法权益,相反倒是原告、上诉人或申诉人侵犯了被告、被上诉人或被申诉人的合法权益,然后提出具体的反诉要求。如能达到抵销、排斥、吞并对方诉讼请求的目的,效果会更好。反诉要求可分项列出。

(三)尾　部

写明送达机关、附项和签署。除答辩人称谓的变化外,其余同民事起诉状。

三、评　改

1. 民事答辩状(公民对民事起诉提出答辩的)

民事答辩状

答辩人:周××,男,1944 年 10 月 11 日出生,汉族,天津市人,×

×机床厂工人,住天津市××路18号。

　　因孙××诉我支付抚养费一案,现提出答辩如下:

　　我于今年9月3号接到××区人民法院送达的孙××诉我支付抚养费的起诉状副本1份。阅后,甚感原告孙××在起诉状中所言事实不全面,诉讼请求无理。

　　原告孙××自四年前与我的独生子周×结婚后,他们二人即要求与我分居,经我再三劝阻无效,任其自立户口,独立生活。不料我儿周×因汽车肇事于今年3月15日死亡。我念媳妇一人带着三岁的孙子周晓×有碍工作学习,便同她商量,欲将孙子接来由我抚养,但她拒绝了。今年六月,原告孙××与同单位的赵××结婚后,我又去与原告孙××商量将孙子接回抚养之事,原告再次拒绝,但她提出要我每月支付30元作为孙子的抚养费,我没同意。

　　根据《中华人民共和国婚姻法》第十五条的规定,父母对子女有抚养教育的义务。原告孙××作为周晓×的母亲,对周晓×是有抚养义务的,她每月工资265元,完全有能力负担一个孩子的生活费用。原告根据《中华人民共和国婚姻法》第二十二条,要求我每月支付30元抚养费,是对这条法规的断章取义。婚姻法第二十二条规定,有负担能力的祖父母,对于父母已经死亡的未成年的孙子女有抚养的义务。周晓×的父亲虽已死亡,但其母亲即原告孙××尚在,且孙××有负担能力,依法应由她承担抚养义务。何况原告已与赵×结婚,根据婚姻法第二十一条规定,继父也有抚养继子的义务。因此原告孙××在起诉状中提出的诉讼请求是毫无道理的。

　　我一生只有一个儿子,又不幸早丧,现在仅存孙子周晓×一个嫡亲后代,疼爱之心无须表白,所以不顾年老力弱,我愿将周晓×领回抚养,以慰晚年。只有在原告孙××将周晓×交与我共同生活的前提下,我才能承担对周晓×的抚养义务,请求法院依法调解或判决。

　　　　此致
天津市××区人民法院
　　附:本答辩状副本1份。

　　　　　　　　　　　　　　　　　　答辩人　周××
　　　　　　　　　　　　　　　　　　19××年9月5号

2. 行政答辩状(被诉行政机关提出答辩)

行政答辩状

答辩人名称:山东省济南市××区××乡人民政府。所在地址:山东省济南市××区××乡××街×号。

法定代表人姓名:郭×,乡长,电话××××。

因原告不服我乡人民政府于 1994 年 4 月 18 日做出的"关于××村叶×抢占地基的处理决定"的行政处罚一案,提出答辩如下:

一、原告叶×于 1992 年 12 月未经××乡人民政府批准,私自在宅外抢占 46.72 平方米的地基建筑房屋,延伸宅院,堵塞了街道。期间虽经村委会、乡政府派人多次出面制止,但原告不予理睬,继续砌垒房体,将一大间平房建成,将村规划道路堵塞。为此,我乡人民政府根据《中华人民共和国土地法》第三十八条、第四十五条之规定,对原告叶×做出抢占地基地的处理决定。原告私自占用地基建房的事实有××街村民王×、刘×、张×、白×、肖××证实。

二、我乡人民政府做出的行政处罚,引用了《中华人民共和国土地管理法》第三十八条、第四十五条,具有准确的法律依据。

为此,我们认为原告提起诉讼的请求在事实和法律方面都是没有根据的,请求法院依法维持我乡人民政府做出的行政处罚决定。

　　此致
山东省济南市××区人民法院

答辩人

济南市××区××乡人民政府

1994 年 5 月 10 日

附:本答辩状副本 1 份。

第三节　调查笔录

一、概　念

调查笔录是指律师进行调查询问时所制作的具有法律证据效力的书面记录。根据《中华人民共和国律师法》以及相关的法律规定,律师在征得被调查人同意的情况下,可以调查取证。律师调查笔录是合法证据,当然可以作为证据提交法庭。但是,该证据需要经过质证后,才能作为定案证据。

　　根据律师法第三十五条第二款,律师自行调查取证的,凭律师执业证书和律师事务所证明,可以向有关单位或者个人调查与承办法律事务有关的情况。

二、格　　式

律师调查笔录

　　被调查人:黄_____,男,汉族,____市____区____乡____村村委会主任

　　调查人:李_____、王_____

　　调查目的:为王_____与_____村村委会房产纠纷案

　　时间:____年____月____日上午____

　　地点:____乡____村____街____号____院

　　记录人:赵_____

　　在场见证人:张_____、郭_____

　　笔录内容:

　　问:我们是_____律师事务所的律师,今天向你了解一下你们村与王_____签订宅基地使用协议一事,希望你实事求是讲清楚,不要隐瞒。你听明白了吗?

　　答:我听明白了。

　　问:你与王_____在签订宅基地使用协议前认识吗?

　　答:认识。

　　问:具体经过,请你讲一下。

　　答:____年中,我的一位朋友将王____带来,并向我介绍说:"他是_____市一名私人企业家,要在我们村投资。"后来请我喝过几次酒,一来二去,我们就认识了。

　　问:王____要在____村买一块地从事别墅建设的想法是通过你与村里联系的吗?

　　答:是的。

　　问:是什么时候?

　　答:大概是____年____月中旬。

　　问:____年____月____日你村与王_____签了宅基地使用协议是经过村委会讨论过的吗?

　　答:是的,是经村委会一致讨论通过的。

问:你知道我国土地管理法关于集体土地的规定吗?

答:知道,集体所有土地任何人不得出卖、出租。

问:那你为什么还要代表村里同王_____签订那份宅基地使用协议?

答:我们村一直是____市内最穷的一个,耕地少,劳动力多,仅有的几个乡镇企业效益都不是太好,使得村里的剩余劳动力无处可去,我和王_____接触了几次后,得知他要在我们村投资建厂,这对我们村可是一个千载难逢的好机会,我和其他几位村委委员十分高兴。后来王_____找到我们说要在村里投资建厂,他就要住在村里,可眼下村里的居住条件实在太差,而且以后厂子建起来后,请来了一些专家、技术人员需要有个住处。要是村里能批块地盖一些别墅就好了。我们几位村委会会员商量了一下,就同意了。

问:你是什么时候得知王_____实际并不想在村里投资建厂的?

答:一次王_____酒后失言说,我们村要政策没政策,要资源没资源,傻瓜才来这建什么厂呢?后来我们村的几位委员几次派人催促王_____尽快落实投资,王_____总是借故推脱,再到后来,他根本躲着不见我们。

问:好,今天就谈到这里,请你看看,刚才的笔录是否有误? 如果有误,请提出,如果没有出入,请签名。

答:以上笔录我看过,跟我讲的完全一样。

黄_____(签名)

在场见证人:张_____

郭_____

____年____月____日

三、内容和制作方法

(一)首　部

1. 标题。调查笔录只写文书名称,如格式。

2. 笔录头。依次填写调查的时间、地点,调查人和记录人法律职务和姓名,被调查人的基本情况即姓名、性别、出生年月日、民族、籍贯、文化程度、职业(或工作单位和职务)、住址。如询问证人或者其他有关人员时,笔录中应写明其与当事人的关系。

调查时,如有其他人在场,应写明在场人的姓名、性别、职业(或工作单位和职务)等。

(二)正　文

正文,即调查询问的具体内容,是笔录的主要部分。采用一问一答的形式记录,调查人与被调查人的对话内容前,应标明"问"和"答",按第一人称记录。

1. 调查人向被调查人告知有关事项。刑事诉讼法第一百二十三条规定:"询问证人,应当告知他应当如实地提供证据、证言和有意作伪证或者隐匿罪证要负的法律责任。"第一百二十五条规定:"询问被害人,适用本节各条规定。"第五十六条规定:"当事人及其辩护人、诉讼代理人有权申请人民法院对以非法方法收集的证据依法予以排除。申请排除以非法方法收集的证据的,应当提供相关线索或者材料。"因此,律师调查笔录应记载调查人向被调查人告知政策、法律的具体内容。这是防止伪证的一项重要诉讼保障,是一个重要的法律程序,律师在做调查取证时必须认真执行。

2. 提问内容和被调查人的陈述内容。提问内容因案情不同各有所侧重,记录时应当明确、具体,文字力求简洁。

被调查人的陈述内容,是笔录的重点。按问答顺序记录被调查人了解的案情,应尽可能记原话,对重复之处可概括归纳,但要不失原意;被调查人知情原因、知情程度一定要记清,因为知情原因不同,证言的价值也不同,知情程度的差别亦与案情的分析判断准确性有密切关系;被调查人提供的其他知情人,应当记明其姓名、所在单位和住址;提供的书证、物证应当记明名称、件数等。要求保密的,也应当载明。

(三)尾　部

主要是履行核对手续和署名手续。

在记录结束后,记录人应先编写页码,然后让被调查人核对笔录内容,对没有阅读能力的,应向其宣读。凡有记错、记漏的,应予改正和补充,增删涂改之处应由被调查人签名或盖章或捺手印。核对完后,由被调查人在笔录末尾书写"以上笔录我已看过(或已读给我听过),与我讲的一样"字样,并由被调查人签名或盖章,具明年月日。最后由调查人和记录人分别签名,具明年月日。

第四节　代 理 词

一、概念和特点

代理词是诉讼代理人为了维护被代理人的合法权益,在法庭辩论阶段,根据事实和法律,当庭发表的综合性演说词。

代理词不是法定的法律文书。有的案件代理人发表代理词,有的则并不发表代理词。从写作特点上来看,代理词是一种说明性或辩驳性的文书。要求代理人在代理权限内维护被代理人的合法权益,所提要求、意见应合情合理合法,注意以理服人,不能侵害对方当事人的合法权益,并结合案情宣传法律,增强公民的法制观念。

二、内容和制作方法

有关代理词的制作在实践中并不一致,如原告代理人和被告代理人或上诉人的代理人与被上诉人的代理人发表的代理词写法上就不一样,这需根据不同案情来定。但是代理词的结构和辩护词基本相同,一般可分为前言、代理意见、结束语三部分。

前言部分主要讲明代理人出庭的法律根据、代理人的职责等。如上诉案件,则要简要说明对一审判决的意见和看法,文字力求简洁。

代理意见是代理词的核心内容。主要根据具体案情和委托权限,阐明本案的起因、矛盾发展过程、争执的焦点、协商的情况及协商不成的原因,提出证明被代理人有理的证据,提出解决本案的法律根据和事实根据,分清是非责任。

代理意见的基本内容如上所述,但因适用案件范围不同,具体写法有所变化。根据法律规定,民事案件(含经济纠纷、劳动争议、海事、海商案件)的当事人、行政诉讼案件的当事人、刑事自诉案件的自诉人、公诉案件的受害人及其近亲属、仲裁案件的当事人均可委托诉讼代理人参加诉讼,于辩论阶段发表代理词。因此,代理意见自然不同。下面以民事案件为例加以说明。

民事案件的法庭辩论和刑事案件的辩护是不同的。前者应考虑到给和解创造条件的特点,后者则是针锋相对。因而民事案件的代理词语言应力戒夸张、华而不实或带有刺激性,态度要诚恳端正,切忌纠缠细节,意气用事。其中原告代理人的代理词主要说明下列事项:①分析和评论证据;②肯定和论证案件的事实情节;③发表有关适用法律规范的意见;④建议制作特别裁定;⑤建议裁判案件。被告代理人的代理词是针对原告的请求而发,因而有其自身特点。如果原告一方的陈述在法律和事实上有弱点,那么被告一方就可以把答辩的锋芒针对原告一方有弱点的那部分陈述。多数情况下,原告是有相当的准备才提出诉讼请求的,不可能轻易被驳倒,故被告的代理词中必须从自己这一方面提出新的事实材料进行反驳,或者提出新事实,或者引用新的证据材料来证明这些事实,或者引用适用于新事实的法律规范等。

结束语,是代理词的小结。代理人对自己的发言进行归纳总括,提出结论性看法即对本案的处理意见,以供法庭采纳。

三、范　例

下面是"四川缘之梦商贸有限公司名誉权纠纷案"和"邹某与姚某名誉权纠纷案"的代理词(摘要)。

(一)原告方代理词实例

"四川缘之梦商贸有限公司名誉权纠纷案"是一宗涉及网络平台传播虚假信息,对公司法人造成名誉权损害而提起的案件。在该案中,作为原告方的代理律师就侵权事实、证据的客观性与充分性,以及原告方诉求的合理性、合法性等各个层面进行了层层分析与说理。

代理词

尊敬的审判长、审判员:

四川众城律师事务所接受原告四川缘之梦商贸有限公司(以下简称缘之梦公司)的委托,指派我作为其代理律师依法参加本案诉讼,经过认真调查和分析,我认为,原告起诉的事实清楚,证据确凿充分,其诉讼请求依法应予支持。现发表如下代理意见:

一、被告在其经营的网站上向公众散布"四川缘之梦商贸有限公司是一伙加盟代理骗子?"等字样内容的虚假信息,侵害原告名誉权的事实清楚。

2012年3月20日15:00,原告发现被告在其经营的网站上(网址为:www.baidu.com)向公众散布"四川缘之梦商贸有限公司是一伙加盟代理骗子? 大家快报警吗?"等字样内容的虚假信息,便于2012年3月21日14:09、3月30日16:33、4月6日14:35等先后多次向被告举报、投诉,要求其及时进行处理,而被告仍未采取删除、屏蔽、断开链接等必要措施,直至2012年5月10日被告才断开了该链接。上述虚假内容,与原告没有任何关系,原告是一家于2011年9月20日经工商部门合法登记在册的企业法人,在经营过程中从无欺诈行为,纯属故意编造虚假事实,别有居心的恶意造谣、中伤,严重侵害了原告的名誉权,给原告造成了严重的经济损失。被告的侵权行为是体现在该公司对外经营的网站上,因而事实是清楚的。

二、原告依法收集了三组关联证据,证明被告的侵权事实且证据确凿、充分,请法庭予以采信。

2012年3月20日15:00,原告在得知其名誉权受到严重侵犯后,依法收集了网站投诉 3 份、QQ 聊天 3 份、公证书 1 份等三组证据。以此证明被告在其经营的网站上向公众散布"四川缘之梦商贸有限公司是一伙加盟代理骗子？大家快报警吗？"等字样内容的虚假信息。这三组证据相互关联，形成一个完整的证据链，充分证明了被告的侵权事实，证据确凿、充分。因此，为了维护法律的公平与正义，维护原告的合法权益，请法庭对上述证据予以采信。

三、不论如何，被告作为该信息传播者的事实是不可否认的。

《互联网电子公告系统服务管理规定》第九条规定："任何人不得在电子公告服务系统中发布含有下列内容之一的信息：……（八）侮辱或者诽谤他人，侵害他人合法权益的；……"这是强制性规定，是网站必须履行的义务，一旦违反导致损失应承担相应的责任。该规定第十三条规定："电子公告服务提供者发现其电子公告服务系统中出现明显有害信息时，应当立即删除，保存有关记录，并向有关国家机关报告。"但是被告没有立即删除侵权的信息，更没有保存有关记录，并向有关国家机关报告。《互联网信息服务管理办法》也做了同样的规定。同时，《中华人民共和国侵权责任法》第三十六条规定："网络用户、网络服务提供者利用网络侵害他人民事权益的，应当承担侵权责任。""网络用户利用网络服务实施侵权行为的，被侵权人有权通知网络服务提供者采取删除、屏蔽、断开链接等必要措施。网络服务提供者接到通知后未及时采取必要措施的，对损害的扩大部分与该网络用户承担连带责任。"第十三条规定："法律规定承担连带责任的，被侵权人有权请求部分或者全部连带责任人承担责任。"显然，被告的侵权行为是存在严重过错的，而原告缘之梦公司确有名誉被损害的事实，被告的行为违法，违法行为与损害后果之间存在必然的因果关系，根据《最高人民法院关于审理名誉权案件若干问题的解答》第七条之规定，被告已构成侵害原告名誉权的责任。

四、被告应当在相关媒体上向原告赔礼道歉，恢复原告的名誉并消除影响。

《最高人民法院关于审理名誉权案件若干问题的解答》第十条规定：人民法院依照《中华人民共和国民法通则》第一百二十条和第一百三十四条的规定，可以责令侵权人停止侵害、恢复名誉、消除影响、赔礼道歉、赔偿损失。恢复名誉、消除影响的范围，一般应与侵权所造成不良影响的范围相当。因此，被告应当为原告恢复名誉、消除影响；在其经营的网站主页及《法制日报》上发表声明，向原告公开赔礼道歉。

五、被告应当赔偿原告的经济损失。

根据《中华人民共和国民法通则》第一百二十条之规定："公民的姓名权、肖像权、名誉权、荣誉权受到侵害的,有权要求停止侵害,恢复名誉,消除影响,赔礼道歉,并可以要求赔偿损失。""法人的名称权、名誉权、荣誉权受到侵害的,适用前款规定。"被告应当赔偿原告因侵权行为所遭受的经济损失444689.59元人民币、为调查被告侵权行为和起诉被告所支出的合理费用14500元人民币。本案中从各个方面来看,被告侵权的恶劣程度是极其严重的:

原告发现被告在其经营的网站上向公众散布"四川缘之梦商贸有限公司是一伙加盟代理骗子?大家快报警吗?"等字样内容的虚假信息后,曾多次向被告举报、投诉,要求其及时进行处理,而被告却未采取删除、屏蔽、断开链接等必要措施,直至2012年5月10日被告才断开了该链接。纯属编造虚假事实,这种侮辱、诽谤原告,侵害原告名誉权的行为,其性质是极其恶劣的。然而,原告是一家通过IDC运用电子商务方式为客户提供五金交电等商品销售服务的企业法人。由于被告散布凭空捏造的虚假事实,致使原告商誉急剧下降,访问率极低,导致企业市场战略目标以及全国重大活动受到严重的影响。企业市场推广、全国"创业＝就业"活动几乎瘫痪,被告的这种行为严重地侵犯了原告的合法权益,并给原告造成了重大的经济损失。

众所周知,网络侵权传播信息的速度是非常快捷的,影响也是十分广泛的,因为网络和上网的人在世界上无处不在,这种侵权影响已遍及全公司甚至全省乃至全国各地。事实上,被告的侵权行为给原告的经营活动和外界对原告的客观评价造成了严重的社会负面影响。从古至今,名誉是人们生存和发展的必要条件。在古代,重视名誉是一个普遍现象。其中最极端的方式是欧洲历史上曾经流行的决斗。一个绅士或贵族,如果觉得自己的名誉受到了他人的伤害,不惜采用牺牲生命的方式,捍卫自己的清白。俄国天才诗人普希金就是为了捍卫自己的名誉,在决斗中死于非命,死时才30多岁。在市场经济条件下,物质利益和名誉地位是企业生存的现实需要。即便在现在的西方社会,名誉的重要性已经比资本原始积累时期重要得多。在我国市场经济条件下,经济的健康发展也离不开企业的声誉和名誉,甚至可以说名誉是一个企业的生命。与传统法律体系中的名誉权相比,网络上的名誉权本质上并无区别,只是在表现方式或传播工具上有所区别。但是,正因为这些简单的线路和机器,给侵权带来了更简便的侵权条件,侵权者可以随时发布侵权信息,也可以随时更改或删除侵权信息。在网络这个新的科技条件下,尽管侵权者可以随时更改或删除侵权信息,但不能否认其侵权事实的存在。

综合本案,被告侵权的主观恶意和具体情节以及其给原告造成的严重后果,代理人认为,应当按照具体案情来确定侵权人的法律责任,恶意的侵权就应当付出代价,这才是公平的。只有追究侵权者的法律责任,才会震慑和警诫那些肆意侵权者,维护良好的社会秩序。

以上代理意见望法庭充分考虑,做出公正判决。

代理人:××律师事务所律师　黄×

二○一二年八月二十三日

(二)被告方代理词实例

"邹某与姚某名誉权纠纷案"是一宗涉及重庆市某小区业主与小区物业公司经理之间的公民名誉权侵权纠纷的案件。该案中,被告方的律师在法庭上呈现的代理词,从提出抗辩性事实、驳斥原告的诉请两大方面于情于理进行了抗辩。

代 理 词

尊敬的审判长、审判员:

邹某与姚某名誉权纠纷一案,重庆远博律师事务所依法接受被告邹某的委托,指派叶××律师担任其诉讼代理人。代理律师接受指派后,认真分析了案情及原审判决、相关证据材料;随后,代理律师依法调查收集了相应的证据材料。代理律师认为,原告的诉讼请求没有事实依据和法律根据,应予驳回。现根据事实和法律就双方争议焦点问题发表如下代理意见,请审判员参考。

一、姚某、刘某、刘某某等人其人其事

1. 姚某、刘某等人长期以来欲搞乱某某小区

大概从 2010 年 4 月份以来,以刘某某夫妇、姚某夫妇、刘某等人为首的某某小区业主十余人为达到个人目的,在某某小区以贴大字报、口头宣传等方式对某某小区业委会及其成员、某某物业公司大肆污蔑,任意丑化、侮辱。比如张贴小字报:顺口溜《好消息》《业主合法权利,社区无权干预》《告某某小区的业主朋友们》《给某某小区业主委员会的公开信》等;与此同时,他们还非法筹备成立新的业委会,视已

合法成立并备案的业委会为敌人。姚某等人的行为严重影响了某某小区正常的生活秩序,严重干扰了某某物业公司的工作秩序,也严重影响了作为某某物业公司总经理的被告的工作。

姚某等人的闹剧搞得某某小区乌烟瘴气。应广大业主强烈要求,某某小区业委会、某某物业公司于2010年8月分别向当地居委会、派出所、街道办、区房管局等单位反映,要求制止姚某等人的行为。2010年9月10日,当地社区居委会发出通告,批评了擅自成立业委会筹备组等违法行为;派出所也多次到小区,对筹备业委会等行为予以劝阻、制止。由此,姚某等人与小区业委会、某某公司、被告本人关系愈发紧张。

2. 姚某等人上蹿下跳,不遗余力要搞乱业委会、赶走小区物管——某某物业,引起了一部分有主见的业主的警觉,不少人怀疑姚某等人收受其他物管企业的好处。

作为年近七旬的退休教师,原告姚某不是安享晚年平静幸福生活,而是纠集一些年轻人搞什么推翻旧业委会、筹备新业委会、赶走现有物管、引进其他物管等事情。为此,姚某身体力行,积极参加所谓的维权活动,诸如广发传单、召开会议、举办展览、张贴大字报等方式。一些业主眼见其干劲冲天,也卷入这些无聊的活动中去了;还有一些理智的业主非常反感原告等人行为,并且怀疑原告等人这么做的动机。一些消息灵通的人就传言,说姚某等人是受了某物业公司老总的好处,目的是协助某物业公司进驻小区,以代替现有物业公司。由于这些业主的怀疑合情合理,所以,从2010年6月起,某某小区就传遍了,说姚某等人得了别的物管公司的好处,要赶走现有物管,所以才会这样用心用力地搞。至于该消息最早出自何人之口,无法查清。对此,有某某公司工作人员从小区布告栏揭下的、署名为"广大业主"的《提醒》(时间2010年4月29日)、署名为"某某小区正义的业主"的《强烈抗议》(时间2010年7月15日)、署名为"一位知情的业主"的陈述(时间2010年7月28日)、署名为"某某小区受骗业主"的《揭开秘密》(时间2010年8月15日)、署名为"业主义见"的《忠告》(时间2010年10月),以及被告拍摄的上述小字报被张贴情况的照片等为证。

3. 原告等人设计陷害被告,欲使被告形象遭贬

原告姚某辛辛苦苦要赶走某某物业,辛辛苦苦要筹备成立新业委会,眼见一样也没有成功,加之群众纷纷传言原告等人另有企图,说原告等人收受他人财物,原告又急又恼,便设计陷害某某物业的总经理,

也就是被告。其故意让刘某与被告谈话;谈话中又故意设计有关姚某的事情;谈话内容又做了录音。原告欲达到陷害他人,可谓煞费苦心。

二、原告诉请缺乏充分的事实依据和法律依据

原告控告被告侵犯了其名誉权,按照民法基本法理,构成侵犯名誉权必须满足四个条件,即违法行为、主观过错、损害事实、违法行为与损害事实之间有因果关系。

1. 被告没有侵犯原告名誉权的行为

原告没有证据证明被告在大庭广众之下使用书面的方式、口头的方式、实际动作的方式来侮辱、贬低、丑化原告,使原告的名誉遭受损害,或采取捏造事实,无中生有来诽谤原告,致使原告品行受到他人较低评价。

原告举示的录音证据,不能证明被告说过原告拿了他人钱财;退一万步讲,假使被告说过原告拿了别的物业公司的好处费,但这种传言早就在原告居住的小区传遍了,被告在说大家都在说的话,而且不是在公众场合大肆宣传,何以谈得上侵犯原告的名誉权? 本案中,有两个问题需注意:第一,原告是否拿了其他物业公司的好处费处于事实不清状态,既没有证据证明是,也没有证据证明非,传言原告拿了别的物管公司好处费的不一定就是捏造事实;第二,没有任何证据证明是被告最早说原告拿了其他物业公司的好处费,如果原告一定要追究侵犯名誉权,那也应该去找第一个在小区传言原告收受其他物业公司的好处费的人,应该去找在小区张贴小字报宣传此事的人。如果说原告的名誉权遭受侵害,也只有可能是上述最早公开宣传的人承担侵权责任。原告不去追究应该追究责任之人,却抓住被告不放,显然其醉翁之意不在酒。

关于这个提供录音材料的刘某,前面已述及,他与原告本来就是坚决要赶走被告任法定代表人的物业管理公司的,其偷偷录音,将大家都广为传言的话语录下来,又转交给原告,其本身目的不纯,涉嫌以欺诈方式取证,当认定无效。

至于原告提供的证人证言,该证言也无法证实是被告最早散布原告得好处费的事实。其栽赃陷害被告,极不道德。原告指控被告侵犯其名誉权,缺乏事实依据。

2. 被告没有侵权的故意

侵犯名誉权要求行为人必须有贬损他人名誉的主观过错。尽管原告在小区做了很多伤害被告、伤害被告公司的行为,但被告均以宽

广的胸怀对待原告;多次表示,愿意与业主坐下来,好好谈谈;愿意求同存异,照顾各方的利益诉求,不断改进服务质量。就是在原告将被告告到法庭时,被告也没有采取任何手段来侮辱、贬低原告的名誉;没有编造事实,诽谤原告。因为被告一直与人为善,始终坚信,冤冤相报何时了,冤家宜解不宜结。

3. 原告的损害与被告行为之间没有直接的因果关系

原告举示了 2010 年 9 月 25 日重庆市精神卫生中心的处方,显示临床诊断为焦虑抑郁反应,想以此来证明自己遭受了损害。

但第一,焦虑抑郁是常见病、多发病,其发病原因非常复杂,诸如生活压力大、工作不顺利等,原告不能证明自己的焦虑抑郁是听了刘某的电话录音才患上的。

其二,原告无法证实自己在听到刘某的录音前一切正常,没有焦虑抑郁症,也就是说,原告完全有可能在听到刘某的录音之前早就患上抑郁症,不过是在听到录音后去医院诊断的而已。

其三,抑郁焦虑是慢性病,需要较长的一段时间不良情绪的累积才会形成,其本身不可能短期内就患上该病,而且该不良情绪应该是比较强烈的,突然听到一段录音,不大可能突患慢性病。

其四,在被告与刘某谈话之前,小区业主传遍了说原告拿了其他物管公司的好处费,他不焦虑抑郁,怎么听了刘某的录音后就焦虑抑郁了? 显然,前者传播范围广、影响大;被告无非是与人闲聊,说到大家都在传言的消息而已,如果不是刘某说给原告听,原告绝无可能知道,更不要说其他人知道了。即便是原告名誉权受侵害,患上抑郁焦虑症,那也只有可能是原告在最先听到传言说自己拿了别的物管公司好处费才患上的,而绝无可能是听了刘某的录音后才患上的。难道原告患病是有选择性的? 对范围大、危害大、时间早的传言无动于衷,具有免疫力;却对范围小、时间晚的传言立即就抑郁了? 显然,极不合情理。看来,原告的所谓的精神损害还是因人而异呀,真是欲加之罪,何患无辞。

综上所述,被告没有以故意或过失以贬低他人名誉为目的,采取任何手段侮辱、诽谤原告;原告所谓的精神损害也与被告没有任何关系,其诉讼请求应该依法驳回。原告恶意诉讼,欲对被告形象造成负面影响,被告保留通过法律途径追究原告恶意诉讼的侵权责任的权利。

面对原告的所作所为,被告有感而叹:世上本无事,庸人自扰之。

　　希望原告的闹剧就此收场，留小区一个安宁，留公司一个安宁，也留给自己一个安宁。

　　　　以上代理意见，请法庭充分考虑并采纳。谢谢。

　　　　　　此致

重庆市××区人民法院

　　　　　　　　　　　　　　　重庆远博律师事务所　　叶××

　　　　　　　　　　　　　　　2010 年 12 月 6 日

第九章　律师非诉讼类文书

第一节　合　同

一、概　念

合同是人们日常生活中最常用和最常接触的法律文书之一。《中华人民共和国合同法》第二条第一款中规定："本法所称合同是平等主体的自然人、法人、其他组织之间设立、变更、终止民事权利义务关系的协议。"从这条法律规定可以看出，所谓合同，是指平等主体的双方或多方当事人之间关于建立、变更、消灭民事法律关系的协议。

广义的合同实际上包括了日常中人们可能接触到的所有类型的平等主体间的协议，如买卖合同、服务协议、租用合同、委托合同等。当然，如果从法律部门法的角度，我们又可以把这些种类繁多的合同分为民事合同、行政合同、劳动法上的合同、经济合同、国际法上的国际合同等。本章我们学习制作的主要是经济合同。所谓经济合同，是指平等民事主体的法人、其他经济组织，个体工商户、农村承包经营户相互之间，为实现一定的经济目的，明确相互权利义务关系而订立的合同。经济合同在公司的日常经营运作中被广泛使用，具有很强的实用性。

二、广义合同的特征

根据合同的概念，我们可以把合同的特征表述如下：

1.合同是平等主体间的双方法律行为，即需要两个或两个以上的当事人互为意思表示，且合同的主体法律地位平等，任何一方都不能把自己的意志强加于另一方。

2.合同是一种合意行为，换言之，合同双方当事人的意思表示必须达成一致才能构成协议。合同当事人是自愿订立合同的，任何人和任何单位都不得非法干预。

3.合同以双方或多方之间发生、变更、终止某种法律关系为目的。如经济合同,是以当事人达成一定的经济法律关系为目的的。

4.合同是当事人在符合法律规范条件下而达成的协议,即无论是合同的当事人还是合同内容,都必须遵守相关法律法规的规定。

合同一经成立即具有法律效力。当事人订立、履行合同,应当遵守法律、行政法规,尊重社会公德,不得扰乱社会经济秩序,损害社会公共利益。当事人一方或双方未按照合同的约定去履行自己的义务就要按照合同或法律承担违约责任。

第二节　合同范本

一、合同涉及的法律

《中华人民共和国合同法》(由中华人民共和国第九届全国人民代表大会第二次会议于 1999 年 3 月 15 日通过,自 1999 年 10 月 1 日起施行。)

《中华人民共和国民法通则》(由中华人民共和国第六届全国人民代表大会第四次会议于 1986 年 4 月 12 日通过,自 1987 年 1 月 1 日起施行。)

《中华人民共和国民法总则》(2017 年 3 月 15 日第十二届全国人民代表大会第五次会议通过,自 2017 年 10 月 1 日起施行。)

二、合同的一般结构内容与写作要求

(一)结构内容

1. 首　部

首部包括合同名称、合同编号,当事人的姓名或名称、住所、国籍,当事人在交易中的地位。合同的名称根据合同的内容归纳而来,如甲乙双方签订是工业品空调的销售安装合同,根据合同内容,该合同名称应为"×××空调销售安装合同"。合同的当事人地位,通常依据合同中当事人的法律地位,如:买卖合同中的出卖人和买受人。

2. 正　文

正文用于确认当事人在交易过程中的行为、权利义务范围、责任以及纠纷解决方式。具体内容包括:

(1)标的。交易对象或当事人劳务的付出,是合同中当事人权利义务的共同指向对象。

(2)数量。一般要求写明计量单位、数量指标。计量单位应采用国际通用的计量单位。

(3)质量。一般写明制定标准的机构、质量标准代码、种类和等级。质量标准有国家强制性标准的,应采用或高于国家标准,没有国家强制性标准的,合同双方应具体约定质量标准。

(4)价款或酬金。一般应写明价格或酬金的具体构成、单价、总金额、计价单位,以及货币种类。

(5)履行的期限、地点和方式。一般应写明交付的批次、交付的期限、交接的地点、履行的方式。不同的履行方式,在法律上会造成对货物风险责任的区别对待,因此应清楚写明合同标的物的交付方式、时间和地点。

(6)违约责任。违约行为发生后,应当支付的违约金数额或计算方法。违约责任由合同各方约定;免责条款,一般以不可抗力的自然因素造成合同不能履行,可以免责。

(7)解决争议方法。一般应写明解决争议所在地、解决争议的具体机构,以及适用的法律。

3. 尾　部

尾部主要包括合同的正副文本及数量,当事人的姓名或名称、经办人或代表人的姓名,合同签字地点、时间,以及当事人的签名、盖章。

(二)制作要求

合同作为一种法律文书,具有相应的法律效力,如当事人不履行或不正当履行会受到法律制裁和强制执行,因此在制作中应特别注意清楚表述双方权利义务,做好下列几个方面的要求:

1.合同的内容合法。合同的内容必须符合国家法律法规的要求,如是国家禁止私自买卖或销售的商品,民事主体当事人不得擅自签订此类买卖销售合同,如枪支、毒品。任何人不得强迫他人签订合同,在胁迫条件下签订的合同法律上属于无效合同。

2.合同的内容要合理。合同的签订遵循平等、诚信的原则,因而合同的内容应当等价有偿,互惠互利。显失公正的合同在法律上亦是无效合同的一种。

3.合同条款完善、周密、准确。根据不同的协议内容分出若干合同条款,逐条逐款地加以说明,务求清晰、分明。语言要简洁、准确,语气要肯定,防止因语意含混引起歧义。在合同中相关术语应当用定义性条款进行表述。定义性条

款一般写在合同第一章,经定义的术语前后应保持含义一致,避免用词用语产
生歧义。

三、格　式

产品订货合同

甲方:沈阳市商贸总公司

地址:

邮编:

电话:

法定代表人(委托代理人):

开户行:

账户:

乙方:中山市泰山饲料厂

地址:

邮编:

电话:

法定代表人(委托代理人):

开户行:

账户:

第一条:产品名称、商标、型号、厂家、数量、金额、供货时间及数量(购买玉米 3500 吨,价格为 655 元/吨)

第二条:质量要求技术标准、供方对质量负责的条件和期限(一级玉米,霉变率≤2.0)

第三条:交(提)货地点、方式

第四条:运输方式及到达站港和费用负担(交货地点为大连北海库;大连车板交货,到站前的费用由供方负担,到站后的费用由需方负担。)

第五条:合理耗费及计算方法

第六条:包装标准、包装物供应与回收(塑料编织袋,每 50 公斤一袋,袋上标明商品名称、数量、产地)

第七条:验收标准、方法及提出异议期限(在买方所在地进行检验。对检验结果由买方 5 日内通知卖方,有异议须在×天内向××商品检验局提出。)

第八条:随机设备、配件工具数量及供应办法

第九条:结算方式及期限

（货到付款,即期汇票,本合同签订生效之日起 3 天内支付定金,定金为总货款的 30%,现金支票。)

第十条:如需提供担保,另立合同担保书,作为本合同附本。

第十一条:违约责任

（如买方未能履行本合同之条款以至本合同不能顺利完成,则已付之定金将由卖方没收,而卖方有权再将该货物转让于任何第三方,但卖方不可再为此而向买方进一步追究责任或要求赔偿损失。如卖方未能履行合同之条款以至本合同不能顺利完成,则卖方须返还双倍定金予买方,但买方不可要求进一步赔偿或逼使卖方履行此合同。)

第十二条:解决合同纠纷的方式

（双方就合同的约定发生争议时,应当首先自行协商解决;协商不成的——提交仲裁机构解决——向人民法院提起诉讼)

第十三条:其他约定事项

甲方签约:　　　　　　　　　　乙方签约:

签约日期:　　　　　　　　　　签约日期:

四、范　例

马铃薯生产购销合同

甲方:

乙方:惠东县九华农贸有限公司

为推进农业产业化经营,带动农民致富,甲、乙双方本着平等互利的原则,经协商一致,决定在惠阳市水口镇_____村建立马铃薯生产基地。现就生产、销售等有关问题协议如下:

一、甲方职责:

1. 提供_____亩排灌方便、土质良好的耕地作马铃薯生产基地,负责生产基地各个生产、销售环节的组织管理及协助技术员做好生产指导工作。

2. 预付 50% 马铃薯种苗款(每亩需种薯贰佰市斤,原种每市斤按1.3 元计),余下 50% 种薯款待收薯时一次性由乙方扣回。

3. 在收购期间,必须保证足够人员维持好收购现场秩序,并协助乙方做好收购、验质工作。

4. 负责农业特产税的缴纳,及乙方派出技术员的住宿场所。

二、乙方职责：

1. 保证在公历 11 月前将_____亩生产基地所需种薯送到甲方所在地，必须保证所供种薯无病毒、抗性强，并派有经验的技术员专门指导种植生产的各个环节。

2. 负责收购全部合格薯，并在产地设点收购。合格薯收购价格为每市斤零点陆元。（合格薯标准：无机械伤，无青头，无病虫害，无腐烂，单个重量 0.25 市斤以上。）级外薯按每市斤零点壹伍元收购。（级外薯标准：无腐烂，单个重量 0.1～0.25 市斤之间。）

3. 在收购时期，公司将派人到现场负责验质、过秤、运输、付款等工作，货款扣除种薯款后，分批付给农户，收薯完毕后统一结算付清。

4. 质检工人工资、食宿费和收购时所需的包装物品均由乙方负责。

三、违约责任：

1. 乙方如不收购甲方全部合格薯，50％种薯欠款由乙方自负，每亩还需赔偿甲方 500 元经济损失。

2. 甲方如不将全部合格薯出售给乙方，除扣清种薯款外，每亩应赔偿给乙方 500 元经济损失。

3. 乙方于公历 11 月前将种子送到甲方所在地，未及时将种薯送到造成甲方耕地荒芜，乙方赔付甲方每亩 300 元。

以上协议条款，甲、乙双方应自觉地严格遵守，不得违约。本协议未尽事宜，甲、乙双方本着诚实、信用原则协商解决。

本合同一式二份，具有同等法律效力。甲、乙双方各执一份。本合同双方签字后生效。

甲方：　　　　　　　　　　乙方：惠东县九华农贸有限公司

法人代表（章）：　　　　　　法人代表（章）：

联系电话：　　　　　　　　联系电话：8350329

第三节　法律意见书

一、概　念

律师以出具法律意见书的方式解答法律询问，应当注意为咨询者提出的法律问题做出准确、肯定、有法律依据的回答,为咨询者的决策提供具体、明确、可靠的参考意见。

我国律师法第二十九条规定,律师担任法律顾问的,应当按照约定为委托人就有关法律问题提供意见,草拟、审查法律文书,代理参加诉讼、调解或者仲裁活动,办理委托的其他法律事务,维护委托人的合法权益。另相关法律,如国资委 2003 年 7 月 11 日发布的《关于贯彻落实〈企业国有资产监督管理暂行条例〉进一步加强企业法制建设有关问题的通知》中,明确要求:"今后,各中央企业向我委报送涉及企业改制、改组、重大投融资方案,以及要求我委出面协调有关法律问题的报告和请示,应经过本企业法律顾问专门论证,并书面提出法律建议和意见。"因此法律意见书在律师实务中是一项重要的文书。

二、制作要求

法律意见书往往关系着委托人的重大利益决策,因此,起草法律意见书应当慎重,一定要经过充分调查论证,不得出具存在虚假事实、严重误导性内容或者有重大遗漏、重大错误、适用法律不当的法律意见。具体来说,制作法律意见书应当符合下列几个步骤和要求。

(一)收集整理材料,进行事实认定

背景资料的真实性和全面性是法律意见准确与否的前提。如果委托人提供的资料有瑕疵,一方面律师可能基于错误的事实出具不具有参考价值的法律意见,另一方面也可能对律师产生不必要的风险。

因而,作为法律意见书的出具人,律师应当尽可能地多收集一些背景资料,且尽可能详细。收集详细材料的方法主要包括尽职调查、审查文件、跟有关人员沟通等。在这些资料的基础上去粗存精,梳理这些材料之间的关系,把握重点,保留有用的必要资料。同时,还要保证这些材料的真实性,特别是对于委托人提供的材料应当有交接手续。

(二)根据事实材料,进行风险预测

法律意见书作为提供决策的重要文件,应当具有前瞻性和变通性。律师在起草法律意见书时应能发现已经存在的风险和预见可能发生的风险,并对风险进行评估。委托人通常要求律师出具法律意见书的目的实际上是想进行风险评估,在法律层面了解风险,为做出合理的决策提供参考。但是,法律风险预测是一个假设过程,必须在所了解的事实的基础上进行预测,提出各种假设,不能脱离事实进行假设。由于法律意见书所针对的往往是动态发展的事件,律师还应当告知委托人当新情况出现时,要及时反馈以便做出正确应对。

(三)进行法律论证后,出具法律意见

鉴于法律意见书对委托人具有重大意义以及律师对自己签名出具的法律意见书要承担责任,律师在制作法律意见书时应当谨慎,以事实为依据,以法律为准绳,进行必要的法律论证,为委托人出具合理合法的意见。在进行法律论证前,律师应当做好法律法规的调查研究,明确法律之外是否存在相应的行政法规、部门规章、地方性法规和地方政府规章,明确法律法规规章的适用性。在严格按照法律法规进行论证时,既要考虑委托人的感受,又不能无原则地迎合委托人的心理。最后形成的法律意见,要注意避免法律论证中常见的失误,如用语过于武断、重点不突出、结论不明确等。对于事实不清的内容进行法律论证时,不宜做出肯定或者否定的结论,应当区别对待。

三、格　式

有关法律文书格式的样本中,尚未颁布法律意见书的写作格式。法律意见书是改革开放后出现的一个新的文种,就当前各地的使用情况看,基本形成了如下一种写作模式。

(一)首　部

1. 标题

法律意见书的首部通常在文书顶端居中标明"××××律师事务所法律意见书"字样。

2. 致送达单位(或人)的称谓

在标题的下一行顶格写明接受文书的单位名称或人的名称。如:"××有限责任公司""尊敬的××国××××先生(女士)""××董事长"等。

3. 说明解答内容的缘起和依据

要求用简明扼要的文字概括交代解答的是什么内容,即就委托人提出的什么问题出具了法律意见书,予以答复,这是法律意见书的开头部分。

(二)正　文

这部分是法律意见书的主体。正文通过法律、法规来详细解答委托人所提出的问题。一般而言,这一部分需要进行严密的论证、科学的分析,从而给委托人一个圆满的答案。正文的内容既可单列一项,就所问做统一答复,也可以分为若干个子问题,用分标题形式一一作答,具体如何写,要根据询问人所提问题的多少和大小来决定。

在正文中还要合理安排表达内容的逻辑结构。一般来说,重要的关键性的问题应放到前面说明,次要问题可放到后面去写,有主有次,重点突出,使人读

后一下就能把握重点。此外,还要注意分论点与论据、分论点与总论点之间的密切联系,使其证明的层次形成一个环环相扣的链形结构,从而集中、有力地突出所要说明的问题。

(三)结　尾

正文写完之后,一般应另起一段,用几句话对所述问题进行总结、概括,起到归纳全文的作用。最后在文末右下角写出律师的工作单位、职务及姓名,并注明制作日期。

(四)附　件

法律意见书如有附件,应在正文之后列出附件名称,并编好顺序。

(五)尾部落款

尾部落款一般以法律事务机构名义署名,也可以企业法律顾问个人署名。以法律事务机构名义制作的法律意见书,既要符合我国的法律,又要照顾国际上通行的习惯做法。法律意见书作用的大小,取决于它的内容及质量,因此,必须对其反复研究,在高质量上狠下功夫。

四、实　例

江苏和忠律师事务所
法律意见书
和忠〔2010〕意字第××号

某某电器股份有限公司:

江苏和忠律师事务所为中华人民共和国司法行政机关依法批准、合法设立的在中华人民共和国境内具有从事法律服务资格的律师执业机构。现本所应贵司要求,指派本所律师就贵司与江苏 A 科技发展有限公司和江苏 A 电讯实业有限公司买卖合同货款纠纷案的相关问题,出具本法律意见书。

一、本所律师出具本法律意见书的主要事实依据:

1. 江苏 A 科技发展有限公司起诉贵司的《民事起诉状》;

2. 江苏 A 电讯实业有限公司起诉贵司的《民事起诉状》;

3. 贵司出具的《关于我司与江苏 A 公司货款纠纷案的后续处理意见报告》;

4. 贵司出具的《A 财务情况》;

5. 贵司向某通信设备有限公司出具的质保金《收据》;

6. 贵司向江苏 A 科技发展有限公司出具的售后服务费《收据》;

7. 江苏 A 科技发展有限公司出具的增值税发票;

8. 双方 2008 年 7 月的对账单。

二、本所律师出具本法律意见书的主要法律依据:

1.《中华人民共和国民法通则》;

2.《中华人民共和国合同法》;

3.《中华人民共和国民事诉讼法》;

4.《最高人民法院关于民事诉讼证据的若干规定》。

5.《中华人民共和国增值税暂行条例实施细则》

三、事由

江苏 A 科技发展有限公司、江苏 A 电讯实业有限公司诉贵司的买卖合同纠纷案件,业经南京市某区人民法院受理,目前仍在诉讼一审阶段。

江苏 A 科技发展有限公司诉称:江苏 A 科技发展有限公司一直向贵司供应手机及配套产品,贵司尚欠自 200×年××月至 200×年××月 22 日期间的货款 99580 元,且其已于 200×年××月 10 日后停止供货,贵司应予归还质保金 20000 元。综上,贵司应合计返还其 119580 元。

为证明以上事实,江苏 A 科技发展有限公司提交了部分增值税发票和一张售后服务费《收据》作为证据。

江苏 A 电讯实业有限公司诉称:江苏 A 电讯实业有限公司在与贵司的长期业务往来中,于 2004 年 6 月 18 日扣留其 10000 元作为质保金。现双方已于 2008 年终止了业务关系,贵司应返还其质保金 10000 元。

为证明以上事实,江苏 A 电讯实业有限公司提交了贵司于 2004 年 6 月 18 日向其出具的质保金《收据》一张作为证据。

据贵司的《关于我司与江苏 A 公司货款纠纷案的后续处理意见报告》反映,法院目前初步合议认为,贵司至今仍然无法将主合同提交法庭,不能证明双方签订的为代销合同还是购销合同,由于贵司已认同来往的增值税专用发票且已合法抵扣,若双方继续无法提供主合同,可能会对贵司扣留的货物进行鉴定以明案情。

另查,据双方对账单显示,贵司确有 99580 元货款未与江苏 A 科技发展有限公司结算;但根据贵司出具的《A 财务情况》显示,双方对账单确认的未结算余额 99580 元中已包含质保金 20000 元,且贵司仍占有库存 419 台手机,合同价为 315140 元。

目前,通过法院调解,A 同意在不要求贵司返还库存的前提下,以 10 万元一次性解决贵司与其众多关联公司(还包括未进入诉讼程序的百得公司)的所有货款纠纷。

四、本律师发表的法律意见

根据上诉事实,本所律师认为,如果继续诉讼,需要厘清以下问题:

首先,若是能够找到主合同,且主合同中约定为代销关系,则贵司与江苏 A 科技发展有限公司对于库存货物的结算可以根据合同约定来解决;如果没有约定,在代销关系终止后,贵司作为受托人,应将尚未售完的库存货物返还给委托人。

目前,本所律师并不知悉江苏 A 科技发展有限公司举证期限是否届满,若未届满,则不排除其仍有补充提交相关证据材料的可能,加之法院对举证期限的要求并不严格,即当前尚不能确定其最终会提交何种证据材料。

其次,若其最终仍未补充提交证据材料,则法院能否仅仅根据“往来增值税专用发票并已合法抵扣”即判定双方为购销合同关系呢?

本所律师认为,根据《中华人民共和国增值税暂行条例》规定,作为增值税征税范围内的销售货物,包括一般的销售货物、视同销售货物和混合销售等几种情况。所谓视同销售货物,是指某些行为虽然不同于有偿转让货物所有权的一般销售,但基于保障财政收入,防止规避税法以及保持经济链条的连续性和课税的连续性等考虑,税法仍将其视同为销售货物的行为,征收增值税。其中,将货物交付他人代销也是视同销售货物的行为,同样需要开具增值税专用发票。

因此,增值税发票也并不能排他性地证明合同性质必然是购销合同,需要结合其他因素综合判断合同性质。

增值税一般纳税人申请抵扣的防伪税控系统开具的增值税专用发票,必须自该专用发票开具之日起 90 日内到税务机关认证,否则不予抵扣进项税额。增值税一般纳税人认证通过的防伪税控系统开具的增值税专用发票,应在认证通过的当月按照增值税有关规定核算当期进项税额并申报抵扣,否则不予抵扣进项税额。据此,买方接收增值税发票或将增值税发票抵扣的行为并不能证明其已经收到货物。即使卖方有证据证明其已经将增值税发票交付给买方,也不能完整排他地证明卖方已经将货物交付给买方。通常在实践中,法院会根据诚实信用原则并结合案件的其他证据和情况推定某种事实的存在。开具发票的一方当事人以增值税发票作为证据,如接受发票的一方当事人已将发票予以入账或者补正、抵扣,且对此行为又不能提出合理解释的或举出证据反驳的,则通常开票方所主张的合同关系的成立及履行事实可以得到确认。因此,若届时江苏 A 科技发展有限公司补交的相关证据能够初步印证贵司与其存在购销合同关系,结合贵司出具的《关于我司与江苏 A 公司货款纠纷案的后续处理意见报告》中关于法院目前倾向性意见的表述,则法院认定为购销合同的可能性较大。

再次,若双方最终被认定为存在购销合同关系,则根据贵司出具的《A 财务情况》显示,江苏 A 科技发展有限公司有权另行主张库存的 419 台货的货款,金额为 315140 元。当然,其是否能够完成举证义务(包括诉讼时效的举证义务),并不在本所律师能够判断和掌控的范围。

最后,无论是被认定为代销关系还是购销关系,江苏 A 科技发展有限公司若能向法院补充提交 2008 年 7 月由贵司出具的"对账单"原件,则对双方尚未结算金额为 99580 元是确定的。至于贵司在《A 财务情况》中陈述:双方对账单确认的未结算余额 99580 元中已包含质保金 20000 元,若要得到法院支持,贵司应补充提交相关证据材料。若不能补充,则贵司可根据向江苏 A 科技发展有限公司出具的款项为 20000 元的《收据》中收款事由为"售后服务费"而非"质保金",结合交易习惯来做合理抗辩。

至于江苏 A 电讯实业有限公司诉称的返还 1 万元质保金的诉请,本所律师认为,目前尚无证据表明江苏 A 电讯实业有限公司与贵司发生合同关系的终止日期,也没有证据表明在 2008 年 6 月 22 日后向我司主张过权利,不能以贵司与其关联公司之间存在经济往来即认定其诉讼时效的中断,因此,建议以"超过一般诉讼时效"作为抗辩理由。

综上,本所律师认为,在找到主合同以前,建议以调解结案的姿态请求法院协调,若能按照贵司出具的《关于我司与江苏 A 公司货款纠纷案的后续处理意见报告》中陈述的调解方案谈判,即对方同意在不要求贵司返还库存的前提下,在 10 万元以内(注:具体数额请领导批示)一次性解决贵司与其众多关联公司(还包括未进入诉讼程序的百德公司)的所有货款纠纷,可以考虑接受!

提示:若对方(包括但不限于江苏 A 科技发展有限公司、江苏 A 电讯实业有限公司、百德公司)提出的一次性打包解决所有货款纠纷,贵司能够接受,则建议可由其他相关公司(包括江苏 A 电讯实业有限公司、百德公司等)向贵司出具《债权转让通知书》,待债权集中于江苏 A 科技发展有限公司名下后,由贵司与江苏 A 科技发展有限公司通过协商一并解决。

五、声明与承诺

1. 本法律意见书所载事实来源于本法律意见书出具之日前贵司的陈述和贵司提交的相关材料。贵司应保证,已向本所律师提供了出具本法律意见书所必需的全部有关事实材料,并且提供的所需文件均真实、合法、有效、完整,并无任何虚假记载、误导性陈述或重大遗漏,文件上所有的签名、印鉴均为真实,所有的复印件或副本均与原件或正本完全一致。若在本法律意见书出具后,贵司发现新的证据材料或者案件有新情况发生,请及时与本所律师联系,本所律师将根据新的证据材料和新的进程重新制作《法律意见书》。

2. 本法律意见书中对有关对账单、财务报告、处理意见报告中某些内容的引述,并不表明本所律师对该等内容的真实性、准确性、合法性做出任何判断或保证。

3. 本法律意见书仅根据并依赖于本法律意见书出具之日公布并生效的相关法律、法规,并参照部门规章等本国的法律、法规、规章出具。本所不能保证在本法律意见书出具之后所公布生效的任何法律、法规、规章对本法律意见书不产生影响。

4. 本所律师已经严格履行了法定职责,遵循了勤勉、尽职、诚信的执业原则,由于本意见书的出具涉及对法官自由裁量权的评价,而法官依据自由裁量权最终做出何种判决并非律师所能掌控。对此,特提示贵司对本意见持审慎采信态度。

5. 本文件仅应贵司要求,供贵司参考,切勿外传。

江苏和忠律师事务所

律师:彭××

二〇一〇年十一月十四日

第四节　公司章程起草

一、概　念

公司章程,是指公司依法制定的、规定公司名称、住所、经营范围、经营管理制度等重大事项的基本文件,也是公司必备的规定公司组织及活动基本规则的书面文件。公司章程是股东共同一致的意思表示,载明了公司组织和活动的基本准则,是公司的宪章。公司章程具有法定性、真实性、自治性和公开性的基本特征。公司章程与《中华人民共和国公司法》一样,共同肩负调整公司活动的责任。作为公司组织与行为的基本准则,公司章程对公司的成立及运营具有十分重要的意义,它既是公司成立的基础,也是公司赖以生存的灵魂。

二、相关法律知识

各国公司法对公司章程的内容都有明确的规定,这些规定主要体现在公司的记载事项上。根据是否由法律明确规定,公司章程的记载事项分为必要记载事项和任意记载事项。法律明文规定必须载明或选择列举的事项,为必要记载事项。法律未予明确规定,由章程制订人任意选择记载的事项,为任意记载事项。按照法定的必要记载事项对公司章程效力的影响,还可将必要记载事项分为绝对必要记载事项和相对必要记载事项。公司章程上述记载事项的内容在不同的国家、不同的公司中会有某些差异,但不外乎是以下三个方面:公司股东成员的权利与责任、公司的组织规则、公司的权力与行为规则。

绝对必要记载事项是每个公司章程必须记载、不可缺少的法定事项,缺少其中任何一项或任何一项记载不合法,整个章程即归无效。这些事项一般都是涉及公司根本性质的重大事项,其中有些事项是各种公司都必然具有的共同性问题。各国公司法对章程的绝对必要记载事项都做了明确规定,这些事项通常包括公司的名称、住所、宗旨、注册资本、财产责任等。如日本《商法》规定股份有限公司的章程的绝对记载事项为:公司的目的;商号;公司发行股份的总数;发行时每股面额(每股的金额);公司设立之际发行的股份总数及面额股、无面额股各自的数量;总公司所在地;公司进行公告的方法;发起人的姓名及住所。我国历史上的第一个公司章程,1867年容闳拟订的《联设新轮船公司章程》,就包含了上述主要内容。我国公司法没有规定相对必要记载事项。

任意记载事项是指法律未予明确规定,是否记载于章程,由章程制订人根据本公司实际情况任意选择记载的事项。公司章程任意记载的事项,只要不违反法律规定、公共秩序和善良风俗,章程制订人就可根据实际需要而载入公司章程。任意记载事项如不予记载,不影响整个章程的效力;如予以记载,则该事项将发生法律效力,公司及其股东必须遵照执行,不能任意变更;如予变更,也必须遵循修改章程的特别程序。从我国公司法第二十二条第十一项和第七十九条第十三项来看,股东会或股东大会认为需要规定的其他事项当属于任意记载事项。

公司章程的内容即公司章程记载的事项。依据我国公司法第七十九条的规定,股份有限公司的章程中应当记载的事项多达13项,这体现了对股份有限公司的严格控制。这13项规定的内容包括:公司名称和住所;公司经营范围;公司设立方式;公司股份总数、每股金额和注册资本;发起人的姓名或名称和认购的股份数;股东的权利和义务;董事会的组成、职权、任期和议事规则;公司法定代表人;监事会的组成、职权、任期和议事规则;公司利润分配办法;公司的解散事由与清算办法;公司的通知和公告办法;股东大会认为需要记载的其他事项。而2001年1月1日施行的《企业法人登记管理条例实施细则》第十八条规定,企业法人章程的内容应当符合国家法律、法规和政策的规定,并载明以下事项:宗旨;名称和住所;经济性质;注册资金数额及其来源;经营范围和经营方式;组织机构及其职权;法定代表人产生的程序和职权范围;财务管理制度和利润分配形式;劳动用工制度;章程修改程序;终止程序;其他事项。联营企业法人的章程还应载明:联合各方出资方式、数额和投资期限;联合各方成员的权利和义务;参加和退出的条件、程序;组织管理机构的产生、形式、职权及其决策程序;主要负责人任期。

三、格式和实例

重庆×××××广告有限公司章程

第一章　总则

第一条　公司宗旨:通过设立公司组织形式,由股东共同出资筹集资本金,建立新的经营机制,为振兴经济做贡献。依照《中华人民共和国公司法》和《中华人民共和国公司登记管理条例》的有关规定,制定本公司章程。

第二条　公司名称:重庆×××××广告有限公司

第三条　公司住所:重庆市永川区萱花路230号

第四条　公司由2个股东出资设立,股东以认缴出资额为限对公司承担责任；公司以其全部资产对公司的债务承担责任。公司享有股东投资形成的全部法人财产权，并依法享有民事权利，承担民事责任，具有企业法人资格。

股东名称（姓名）　　　证件号（身份证号）

甲　×××　　×××××××××××××××××××

乙　×××　　××××××××××××××××××××

第五条　经营范围：从事各类广告的制作、发布。（涉及经营许可，凭许可证经营）

第六条　经营期限：20 年。公司营业执照签发日期为本公司成立日期。

第二章　注册资本、认缴出资额、实缴资本额

第七条　公司注册资本为 20 万元人民币，实收资本为 20 万元人民币。公司注册资本为在公司登记机关依法登记的全体股东认缴的出资额，公司的实收资本为全体股东实际交付并经公司登记机关依法登记的出资额。

第八条　股东名称、认缴出资额、实缴出资额、出资方式、出资时间一览表。

第九条　各股东认缴、实缴的公司注册资本应在申请公司登记前，委托会计师事务所进行验证。

第十条　公司登记注册后，应向股东签发出资证明书。出资证明书应载明公司名称、公司成立日期、公司注册资本、股东的姓名或者名称、缴纳的出资额和出资日期、出资证明书的编号和日期。出资证明书由公司盖章。出资证明书一式两份，股东和公司各执一份。出资证明书遗失，应立即向公司申报注销，经公司法定代表人审核后予以补发。

第十一条　公司应设置股东名册，记载股东的姓名、住所、出资额及出资证明书编号等内容。

第三章　股东的权利、义务和转让出资的条件

第十二条　股东作为出资者按出资比例享有所有者的资产受益、重大决策和选择管理者等权利，并承担相应的义务。

第十三条　股东的权利：

一、出席股东会，并根据出资比例享有表决权；

二、股东有权查阅股东会会议记录和公司财务会计报告；

三、选举和被选举为公司执行董事或监事；

四、股东按出资比例分取红利,公司新增资本时,股东可按出资比例优先认缴出资;

五、公司新增资本金或其他股东转让时有优先认购权;

六、公司终止后,依法分取公司剩余财产。

第十四条　股东的义务:

一、按期足额缴纳各自所认缴的出资额;

二、以认缴的出资额为限承担公司债务;

三、公司办理工商登记注册后,不得抽回出资;

四、遵守公司章程规定的各项条款。

第十五条　出资的转让:

一、股东之间可以相互转让其全部出资或者部分出资。

二、股东向股东以外的人转让其出资时,必须经其他股东过半数同意。股东应就其股权转让事项书面通知其他股东征求同意,其他股东自接到书面通知之日起满三十日未答复的,视为同意转让。其他股东半数以上不同意的,不同意转让的股东应当购买该转让的出资,如果不购买该转让的出资,视为同意转让。经股东同意转让的出资,在同等条件下其他股东对该转让的出资有优先购买权。两个以上股东主张行使优先购买权的,协商确定各自的购买比例;协商不成的,按照转让时各自出资比例行使优先购买权。

三、股东依法转让其出资后,公司应将受让人的姓名、住所以及受让的出资额记载于股东名册。

第四章　公司机构及高级管理人员资格和义务

第十六条　为保障公司生产经营活动的顺利、正常开展,公司设立股东会、执行董事和监事,负责全公司生产经营活动的策划和组织领导、协调、监督等工作。

第十七条　本公司设经理、业务部、财务部等具体办理机构,分别负责处理公司在开展生产经营活动中的各项日常具体事务。

第十八条　执行董事、监事、经理应遵守公司章程、《中华人民共和国公司法》和国家其他有关法律的规定。

第十九条　公司研究决定有关职工工资、福利、安全生产以及劳动保护、劳动保险等涉及职工切身利益的问题,应当事先听取公司工会和职工的意见,并邀请工会或者职工代表列席有关会议。

第二十条　公司研究决定生产经营的重大问题、制定重要的规章制度时,应当听取公司工会和职工的意见和建议。

第二十一条　执行董事、经理不得挪用公司资金或者将公司资金借给任何与公司业务无关的单位和个人。

执行董事、经理不得将公司的资金以其个人名义或者以其他个人名义开立账户存储，亦不得将公司的资金以个人名义向外单位投资。

执行董事、经理不得以公司资产为本公司的股东或者其他个人债务提供担保。

第二十二条　执行董事、经理不得自营或者为他人经营与其所任职公司经营相同或相近的项目，或者从事损害本公司利益的活动。从事上述营业或者活动的，所得收入应当归公司所有。

第五章　股东会

第二十三条　公司设股东会。股东会由公司全体股东组成，股东会为公司最高权力机构。股东会会议，由股东按照出资比例行使表决权。出席股东会的股东必须超过全体股东表决权的半数以上，方能召开股东会。首次股东会由出资最多的股东召集，以后股东会由执行董事召集主持。

第二十四条　股东会行使下列职权：

一、决定公司的经营方针和投资计划；

二、选举和更换执行董事，决定有关执行董事的报酬事项；

三、选举和更换非由职工代表出任的监事，决定有关监事的报酬事项；

四、审议批准执行董事的报告或监事的报告；

五、审议批准公司年度财务预、决算方案以及利润分配、弥补亏损方案；

六、对公司增加或减少注册资本作出决议。

七、对公司的分立、合并、解散、清算或者变更公司形式作出决议。

股东会分定期会议和临时会议。股东会每半年定期召开，由执行董事召集主持。执行董事不能履行或者不履行召集股东会会议职责的，由监事召集和主持；监事不召集和主持的，代表十分之一以上表决权的股东可以自行召集和主持。召开股东会会议，应于会议召开15日前通知全体股东。

（一）股东会议应对所议事项作出决议。对于修改公司章程、增加或减少注册资本、分立、合并、解散或者变更公司形式等事项做出决议，必须经代表三分之二以上表决权的股东同意通过；

（二）股东会议应对所议事项做成会议记录。出席会议的股东应在会议记录上签名,会议记录应作为公司档案材料长期保存。

第六章　执行董事、经理、监事(本条为选择性条款,可以选择执行董事条款或董事会条款;可以选择监事会条款或执行监事条款)

第二十五条　本公司不设董事会,只设董事一名。执行董事由股东会代表三分之二以上表决权的股东同意选举产生。

第二十六条　执行董事为本公司法定代表人。

第二十七条　执行董事对股东会负责,行使下列职权:

一、负责召集股东会,并向股东会报告工作;

二、执行股东会的决议,制定实施细则;

三、拟定公司的经营计划和投资方案;

四、拟定公司年度财务预、决算,利润分配、弥补亏损方案;

五、拟定公司增加和减少注册资本、分立、变更公司形式、解散、设立分公司等方案;

第二十八条　执行董事任期为三年,可以连选连任。执行董事在任期届满前,股东会不得无故解除其职务。

第三十九条　公司经理由股东会代表三分之二以上表决权的股东聘任或者解聘。经理对股东会负责,行使下列职权:

一、主持公司的生产经营管理工作,组织实施股东会决议,组织实施公司年度经营计划和投资方案;

二、拟定公司内部管理机构设置的方案;

三、拟定公司的基本管理制度;

四、制定公司的具体规章;

五、向股东会提名聘任或者解聘公司副经理、财务负责人人选;

六、聘任或者解聘除应由执行董事聘任或者解聘以外的管理部门负责人;

七、股东会授予的其他职权。

第三十条　公司不设监事会,只设监事一名,由股东会代表三分之二以上表决权的股东同意选举产生;监事任期为每届三年,届满可以连选连任;本公司的执行董事、经理、财务负责人不得兼任监事。

监事的职权:

一、检查公司财务;

二、对执行董事、高级管理人员执行公司职务的行为进行监督,对违反法律、行政法规、公司章程或者股东会决议的执行董事、高级管理人员提出罢免的建议;

三、当执行董事和经理的行为损害公司的利益时,要求执行董事和经理予以纠正,在执行董事不履行本法规定的召集和主持股东会会议职责时召集和主持股东会会议;

四、向股东会会议提出提案;

五、公司章程规定的其他职权。

第七章　财务、会计

第三十一条　公司依照法律、行政法规和国家财政行政主管部门的规定建立本公司的财务、会计制度。

第三十二条　公司在每一会计年度终了时制作财务会计报表,按国家和有关部门的规定进行审计,报送财政、税务、工商行政管理等部门,并送交各股东审查。

第八章　合并、分立和变更注册资本

第三十三条　公司合并、分立或者减少注册资本,由公司的股东会作出决议;按《中华人民共和国公司法》的要求签订协议,清算资产、编制资产负债及财产清单,通知债权人并公告,依法办理有关手续。

第三十四条　公司合并、分立、减少注册资本时,应编制资产负债表及财产清单,10日内通知债权人,并于30日内在报纸上公告。债权人自接到通知书之日起30日内,未接到通知书的自公告之日起45日内,有权要求公司清偿债务或者提供相应担保。

公司增加或减少注册资本,应依法向公司登记机关办理变更登记。

第九章　破产、解散、终止和清算

第三十五条　公司因《中华人民共和国公司法》第一百八十条所列(一)(二)(四)(五)项规定而解散的,应当在解散事由出现之日起15日内成立清算组,开始清算。逾期不成立清算组进行清算的,债权人可以申请人民法院指定有关人员组成清算组进行清算。

公司清算结束后,公司应依法向公司登记机关申请注销公司登记。

第十章　工会(选择性条款)

第三十六条　公司按照国家有关法律和《中华人民共和国工会法》设立工会。工会独立自主地开展工作,公司应支持工会的工作。公司劳动用工制度严格按照《中华人民共和国劳动法》执行。

第十一章　附则

第三十七条　公司章程的解释权属公司股东会。

第三十八条　公司章程经全体股东签字盖章生效。

第三十九条　经股东会提议,公司可以修改章程,修改章程须经股东会代表公司三分之二以上表决权的股东通过后,由公司法定代表人签署并报公司登记机关备案。

第四十条　公司章程与国家法律、行政法规、国务院规定等有抵触的,以国家法律、行政法规、国务院规定等为准。

全体股东签章:

年　　月　　日

［使用说明］

一、公司章程范本仅供参考。当事人可根据公司具体情况进行修改,但法律、法规所规定的必要条款不得删减,公司组织机构的议事方式和表决程序必须在章程中明确。

二、公司章程范本中有些条款为提示性或选择性条款,当事人选择时,应当注意前后条款的一致性。例如第六章选择执行董事,则应将关于董事会规定的条款删去;选择执行监事则应将关于监事会规定的条款删去。

三、当事人根据章程范本制订公司章程后,另行打印,自然人股东需亲笔签名,法人股东需盖章,法定代表人或代理人亲笔签名。

四、根据《中华人民共和国公司登记管理条例》第二十四条规定,公司章程有违反法律、行政法规的内容的,公司登记机关有权要求公司做相应的修改。